AF617800

Xosé Estévez

Las matxinadas en Euskal Herria

(S. XVI-XIX)

txalaparta

EDICIÓN ORIGINAL
Nabarralde Fundazioa, 2019
PRIMERA EDICIÓN DE TXALAPARTA
Diciembre de 2025

© DEL TEXTO: Xosé Estévez
© DE LA EDICIÓN: Txalaparta

EDITORIAL TXALAPARTA S.L.L.
Calle Mayor, 61-63
31001 Iruñea NAFARROA
Tfno. 948 703 934
info@txalaparta.eus
www.txalaparta.eus

ISBN
978-84-10246-75-1

DEPÓSITO LEGAL
NA. 1990-2025

DISEÑO DE CUBIERTA
Mikel Tristan

MAQUETACIÓN
Amagoia Arrastio Ágreda

IMPRESIÓN
Gráficas Iratxe
Polígono Agustinos, calle M, 5
31160 Orkoien – Navarra

txalaparta

nabarralde

Índice

A todos/as los/as vasconabarros/as, personificados en «Matalaz», que lucieron en su frente una estrella de sueño utópico: «Pro libertate et meliore patria».

«Dolü gabe, dolü gabe hiltzen niz,
bizia Xiberuarendako emaiten baitüt».

Citado por Beñi Agirre, p. 20

«Ene Mitikile oi zer lekhü maitia Banian
deseña lüzaz bizitzeko Zure boztariuan zure
bake handian Zure besuetan untsa gozatzeko.
Jaun kunte txar batek ürgüllü ekhintia Sobera
zeitadan popüliarentako.
Orain hil behar dit bainan nahiago düt Hola
eziz bizi Jaun horren esblabo».

Pastoral de 1955,
citada por J. Madariaga

«Esta es la Edad de Hierro, en la que la iniquidad lleva todas las de ganar, y hombres de todo estado y condición pretenden vivir de sus ingenios, y se tiene por más sabio aquel que mejor se vale para obtener riquezas».

Robert Greene, *Defense of Conny Catching*, 1592,
citado por H. Kamen, p. 11

«Dichosa edad y siglos dichosos aquellos a quien los antiguos pusieron nombre de dorados, y no porque en ellos el oro, que en esta nuestra edad de hierro tanto se estima, se alcanzase en aquella venturosa sin fatiga alguna, sino porque entonces los que en ella vivían ignoraban estas dos palabras de tuyo y mío. Eran en aquella santa edad todas las cosas comunes... No había la frau de, el engaño ni la malicia mezclándose con la verdad y la llaneza. La justicia se estaba en sus propios términos, sin que la osasen turbar ni ofender los del favor y los del interés, que tanto la menoscaban, turban y persiguen. La ley del encaje aun no se había sentido en el entendimiento del juez...».

Miguel de Cervantes, *Don Quijote de la Mancha*,
I parte, cap. XI, citado por Estévez, Xosé, 2005, p. 105

«Yo así lo creo –respondió Sancho– y querría que vuestra merced me dijese qué es la causa porque dicen los españoles cuando quieren dar batalla, invocando aquel Diego Matamoros: «¡Santiago, y cierra España!». ¿Está por ventura España abierta y de modo que es menester cerrarla, o qué ceremonia es ésta».

Miguel de Cervantes, *Don Quijote de la Mancha*,
II parte, cap. LVIII, citado por Estévez, Xosé, 2005, p. 107

I.
Pórtico necesario

EN ESTE ATRIO DE PRESENTACIÓN estimo necesario poner de relieve algunas cuestiones.

1ª. El período que analizamos es ciertamente largo. Ocupa más tres siglos, desde comienzos del siglo XVI hasta la francesada de 1808-14. Este último episodio ya se hallaba inmerso en pleno tránsito del Antiguo Régimen, etapa crítica y convulsa, como todas aquellas en las que se generan las grandes transformaciones que desembocan en una nueva era, en este caso la contemporánea. No nos atrevemos a incluir las carlistadas, sobre todo la primera, que entraría en esta transición, porque, a nuestro modesto entender, deben ser objeto de un análisis específico y diferenciado.

2ª. Aunque en épocas históricas pasadas, incluida la moderna, el tiempo largo transcurría lento y los cambios eran casi inapreciables, al menos desde la perspectiva actual, es evidente que en los más de tres siglos de holgada etapa, materia de nuestro análisis, se operaron pausadas transformaciones, sobre todo a partir de la introducción de las ideas ilustradas, que derivaron en los ideales revolucionarios. Desde el punto de vista económico de la llamada «economía moral», con claras repercusiones sociales y otras de distinto cariz, podemos distinguir *grosso modo* cuatro fases en Euskal Herria, con variación cronológica, cuantitativa y cualitativa, respecto a los estados circundantes: crecimiento notable en el siglo XVI, al menos en referencia a la zona costera; crisis en gran parte del siglo XVII, aunque no tan intensa y larga como en estado español como revelan los estudios recientes de algunos historiadores (Álvaro Aragón, Estíbaliz González Dios, Xabier Alberdi, Luis Javier Coronas, Alfonso González); crecimiento en gran parte del siglo XVIII y crisis típica de la transición del Antiguo Régimen desde el último tercio de siglo XVIII.

3ª. No cabe duda que para un completo análisis de la conflictividad social sería imprescindible examinar previamente con detalle las estructuras demográficas, económicas, sociales, políticas e ideológicas de una determinada sociedad, así como el devenir de las diversas coyunturas por las que pasó, sobre todo al tratarse de un período tan extenso. Pero ello supondría traspasar con creces los lindes paginales impuestos a este estudio, que tiene un carácter divulgativo y sintético, sin que ello suponga desdoro del exigible rigor científico. Por consiguiente, solo nos limitaremos a una introducción somera de la configuración de la sociedad estamental de la época.

4ª. Evidentemente, la sociedad vasca de la Edad Moderna presentaba paralelismos con otras sociedades del entorno, pero también ofrecía un nítida singularidad no solo en virtud de una determinada estructura socioeconómica y demográfica y de su trayectoria histórica específica desde las épocas antigua y medieval, sino especialmente debido a su peculiaridad político-administrativa-institucional, la foralidad, a su cultura original, principalmente la lengua euskérica, y a la persistencia del derecho pirenaico, cuya base radicaba en el pactismo.

5ª. No convendría tampoco olvidar que en toda sociedad, por el hecho de serlo, existe siempre la tensión latente, máxime cuando está veteada por una gran desigualdad y las posibilidades de superación de esa situación o de ascenso están bloqueados o no existen canales neutrales para encauzar las disparidades, injusticias y reivindicaciones por las vías pacíficas (pleitos, concordias, acuerdos). A veces los conflictos y enfrentamientos se dirimían en los tribunales, como es el caso de la larga lucha judicial en Nafarroa por la supresión de «las pechas». Pero no era lo habitual. Para que estallase un conflicto solapado en violencia abierta era preciso no solo un caldo estructural de cultivo en estado «pil-pil», sino que, además, emergiesen precipitantes coyunturales y algún detonante, a veces anecdótico, para la eclosión final.

6ª. Además de la Guerra de Convención y la Francesada, a las que dedicaremos capítulos propios, existieron otras guerras de las monarquías hispana y francesa, con sus inherentes implicaciones sociales, en las que se vio involucrada Euskal Herria, muy a su pesar, porque el territorio vasconavarro era un enclave marítimo y terrestre de alto valor económico y estratégico, codiciado por la lucha hegemónica que sostenían ambos imperialismos durante los siglos XVI y XVII. El siglo XVIII comenzó con la guerra de Sucesión (1704 - 1714) y la subida al trono hispano de una monarquía francesa, los Borbones, todavía hoy con disfrute de asiento y sustento. A ello se añadió la ambiciosa intervención del nuevo imperialismo emergente británico desde el Tratado de Utrecht (1714), que tanto perjudicó a las pesquerías vascas en el norte.

Las apetencias imperiales galas quedan fehacientemente demostradas por los tratados diplomáticos secretos, suscritos durante los últimos años del reinado de último monarca austríaco, Carlos II, carente de herederos directos. En esos tratados Francia suspiraba por apoderarse de Gipuzkoa a la muerte del «hechizado». A este tema le dediqué un artículo en el boletín de la RASBAP (2000). Ese mismo interés y ansia de apoderamiento mostró Francia en los prolegómenos del Tratado de Basilea (1795), firmado tras la guerra de la Convención. Y en la destrucción de Donostia el 31 de agosto de 1813 no estuvieron ajenos los intereses comerciales del imperialismo británico, como sostiene el profesor y amigo José Luis Orella Unzué. A estas guerras monárquicas no podremos dedicarle un merecido apartado por mor de las restrictivas normas espaciales impuestas y, sobre todo, porque no pueden catalogarse como matxinadas *stritcto sensu.* Pero sí recomendamos la lectura del excelente trabajo de Estibaliz González Dios (pp. 232-237).

7ª. Finalmente, sería pertinente establecer una triple gradación, tanto en la conceptuación como en la terminología de las sublevaciones. Las revueltas, motines, algaradas, levantamientos, asonadas, conmociones, emociones, tumultos, alborotos, etc., formarían parte de un primer nivel, caracterizado por ser pulsiones o estallidos sociales, momentáneas, espontáneas, breves, que protestan contra un hecho concreto (impuesto, carestía, actuación represiva...). La rebelión o la sedición supondría un levantamiento más persistente dirigido contra las autoridades, en los distintos escalones de la administración, con el fin de dar un giro parcial al sistema de gobernar o sustituir algún cargo malquerido. Por último, la revolución conllevaría el intento consciente de transformar radicalmente el sistema social y de gobierno.

II.
Una sociedad aparentemente estable

ERA UNA SOCIEDAD EN APARIENCIA ESTABLE Y COHESIONADA, pero bajo una epidermis limpia y sin pecas circulaba una corriente sanguínea hipertensa, que erupcionaba violentamente de manera cíclica e intermitente.

La configuración territorial dual de Euskal Herria, los viejos espacios *saltus* y *ager*, tantas veces aludidos, se impone también en el lábil ámbito del análisis social a través de la articulación de un doble modelo: urbano y agrario. Conviene recordar, sin embargo, que ambos modelos estaban divididos por una frontera muy fluida: artesanos y comerciantes que realizaban labores campesinas, temporal y/o estacionalmente, y labradores que compaginaban y/o complementaban sus tareas puramente agrícolas con otras artesanales o mercantiles. Era difícil, por tanto, diferenciar claramente el campo de la ciudad y al revés. En esta diferenciación nos guía principalmente un afán metodológico y didáctico, quizás derivado de la deformación propia del ejercicio de la profesión docente, tan digna y decente como subestimada en la actualidad.

1.
Modelo urbano y agrario

El modelo urbano es el aplicable a un marco que actúa sobre coordenadas caracterizadas por actividades económicas no primarias, que coloreaban la realidad de la globalidad social y conformaban un marco jurídico-social específico. Este sistema de comportamiento fue seguido por el contexto geográfico vasco que a lo largo de la Baja Edad Media se impregnó de la actividad urbana: las villas.

En este marco todavía en los siglos VIII y IX permanecían reminiscencias de la fase tribal-gentilicia. Es imposible determinar cuándo y en qué grado comenzó el proceso de desintegración de esta sociedad, pero está claro que sus contenidos iniciaron una paulatina descomposición, potenciada por dos factores fundamentales, auxiliados por el abrazo contributivo de otros complementarios. Los dos elementos primordiales fueron el hecho militar de la «reconquista» o «conquista» –según la perspectiva ideológica de tratamiento– frente a visigodos y franco-carolingios primero –modernas tesis parecen aseverar buenas relaciones entre vascos y merovingios– e islámicos más tarde, que generó irremediablemente el protagonismo de una élite militar, y el hecho económico de los caminos de Santiago. Ambos fenómenos posibilitarían la progresiva ruptura de los antiguos marcos y el paulatino impulso de unos nuevos, donde la estratificación social devengará nuevas pautas de diversificación. La constitución de una cúspide político-militar se manifestará en la apropiación de la propiedad comunal, típica del modo de producción anterior.

Sin embargo, a pesar de las transformaciones, perdurarán largo tiempo ingredientes del estatus anterior, como los vínculos sanguíneos, sumamente activos en el mundo banderizo, o el mantenimiento de importantes retazos de la propiedad comunal. Todavía, y en evidente reflejo de esta permanencia, las ordenanzas de la Hermandad de Gipuzkoa de 1457 parecían diferenciar entre la propiedad y el uso.

Cuando este mundo feudalizante entraba en la fase de más intensa coherencia, irrumpió con fuerza un elemento nuevo (antagónico, según las tesis tradicionales, e integrador, según el británico Hilton): el «sinecismo» de los siglos XIII al XV, más conocido como el fenómeno de la fundación de las villas, que significa el surgimiento del mundo urbano, modelo que contrastaba con el que se hallaba en proceso de estabilización y cristalización.

Era evidente que aquella sociedad caminaba, cual desfile de gloriosos tullidos, hacia un régimen señorial y en esa dirección señalan algunos indicadores. Sin olvidar la existencia de collazos en Araba y Nafarroa, en Bizkaia García de Salazar atestigua el fenómeno de la compra de pecheros y en Gipuzkoa no pueden silenciarse la presencia de ciertos escalones de la realidad señorial: los derechos feudales presentes en Astigarraga y Berastegi, aducidos por Otazu, los casos de Oñati y el Valle de Leintz o las quejas de los campesinos de Azkoitia que solicitan del rey la concesión de villazgo para su núcleo de población.

El sinecismo vasco (fundación de villas) recorrería dos etapas. En el primer despegue saltó a la palestra el sinecismo navarro. La fundación de villas sería impulsada por los reyes de Nafarroa a partir de siglo XI sobre el andamiaje del camino de Santiago. Otorgarían fuero a algunas localidades directamente insertadas en la infraestructura de la ruta jacobea: Jaca, Gares, Zangoza, Iruñea y Lizarra. Y a partir de finales del siglo XII y comienzos del XIII ampliarían la concesión foral a lugares más relacionados con la franja cantábrica: Laguardia, Agurain y Donostia.

Uno de los objetivos perseguidos por los monarcas navarros será incentivar la actividad comercial, como alternativa económica e ideológico-social de potenciación iconográfica, frente al mundo agrario dominado por los linajes, estructura social incrustada como eslabón supervivencial de la descomposición del universo tribal-gentilicio. Sin embargo, la orientación de esta política poblacionista marginará al elemento autóctono en beneficio de los moradores foráneos, los francos, que gozarán de mayores posibilidades de asentamiento en los nuevos o renovados núcleos urbanos, lo que, en opinión de algún autor, originaría la inclinación de algunos territorios como Araba y Gipuzkoa a la órbita castellana, aunque el principal factor habría que situarlo en la ambición imperialista castellana.

El sinecismo costero, animado por los reyes castellanos, seguirá unas pautas impulsadas por tres causas, a la hora de conceder Fuero a las villas: económico-mercantiles, defensivas y de freno al creciente poder de los Parientes Mayores.

Las primeras villas surgidas en Gipuzkoa fueron las costeras y en ello ningún investigador desdeñaría la influencia de la apertura de la ruta marítima con Flandes y la potenciación de las relaciones con la costa francesa (Hondarribia, Getaria, Mutriku, Deba y Zumaia). El tráfico marítimo impulsó la creación de villas en las vías terrestres naturales que unían Gipuzkoa con la meseta: las cuencas de los ríos Oria y Deba (Segura, Ordizia, Tolosa,

Arrasate, Bergara). La fundación de otro grupo de villas obedeció a la salvaguarda de los límites provinciales frente a las intromisiones del Señorío de Bizkaia (Elgeta, Soraluze, Eibar y Elgoibar). Finalmente, otras villas abrieron sus ojos al mundo del sinecismo con la finalidad de ofrecer amparo frente a las tropelías de los Parientes Mayores durante los conflictivos años bajo medievales.

El protagonismo en la fundación de villas en Bizkaia correspondió a los señores y no a los reyes, y quizá en ello radique el retraso del sinecismo vizcaíno frente al guipuzcoano. Balmaseda ostenta el orgullo de su primigenia fundación a finales del siglo XII, más tarde Bermeo y Otxandio, acelerándose el proceso creativo a finales del siglo XIII (Lanestosa, Orduña, Plentzia, Durango y Ermua) y completándose en el XIV tanto en la costa como en interior (Bilbo, Portugalete, Lekeitio, Ondarroa, Villaro, Markina, Elorrio, Gernika, Gerrikaitz, Miravalles, Mungia, Larrabetzu y Errigoiti).

La crisis bajomedieval, que asoló a todos los países, repercutió en la vida vasca, agudizando las contradicciones sociales, concretándose en el enfrentamiento entre el marco urbano de las villas y el rural de los Parientes Mayores o Ahaide Nagusiak. La crisis debilitó los ingresos señoriales, lo que movió a éstos a reimplantar exacciones olvidadas o abolidas y a agravar las ya existentes. Muchos Parientes Mayores arbitrarán el método de ampliar sus dominios a costa de los circundantes para recuperar o elevar sus rentas y súbditos, lo que provocaría un enfrentamiento «horizontal» entre ellos. Pero también aparecería en escena un conflicto «vertical», hegemonizado por el estado llano y campesino contra los Parientes Mayores, como el protagonizado por los habitantes del Valle de Leintz, o los surgidos con abundancia en Nafarroa, estudiados por Mikel Larrañaga en su tesis doctoral.

Las villas aprovecharán inteligentemente esta tesitura de inestabilidad rural para imponer lentamente el modelo urbano a través de uniones fraternas, las hermandades, que jugarán un papel primordial en este proceso, principalmente en Gipuzkoa, donde cobrarán gran fuerza con rapidez.

Las hermandades eran comunidades políticas regidas por normas consuetudinarias y privilegios que los reyes juraban cumplir. Entre otras merecen citarse las siguientes: la Hermandad de las Marismas (1296), la Hermandad Alavesa (1332), la Hermandad de Mutriku y Getaria (1339), la Hermandad General de Gipuzkoa (1349), la Hermandad Marítima de Bizkaia y la Hermandad General de Getaria.

Estas hermandades y los reyes se apoyarían mutuamente para marginar a los linajudos señores de la tierra. Estos, sin embargo, se esforzarían por controlar las villas de forma individual y se asimilarían a la nueva sociedad de tal manera que «apadrinarían» el nuevo modelo urbano, que había puesto en solfa su hegemonía social. Pero para ello se vieron obligados a cambiar sus objetivos económicos y sus contenidos jurídico-políticos, superando el antagonismo anterior. Los bandos lograrían hegemonizar la vida municipal en el siglo XVI y un reflejo de su triunfo en el plano jurídico sería la definición y consecución de la hidalguía universal, consolidada tras el apoyo y los servicios prestados a la nueva monarquía de los Reyes Católicos.

El modelo agrario abarcaba las zonas del país que, abordadas globalmente, asentaban prioritariamente sus actividades económicas en el sector primario, predominantemente agrícola. En el área dominada por este modelo, ni el mundo visigodo ni el islámico alteraron en profundidad la estructura social. Ciertamente cambió el ámbito del poder militar, pero no el sistema productivo ni la organización social amparadora.

No cabe negar que a lo largo del siglo xi el camino de Santiago y el fenómeno del sinecismo navarro ejercerán indudables repercusiones, entre ellas el surgimiento de un mundo transfigurado, deambulado por nuevos protagonistas: mercaderes, monjes y francos. Pero el eje este-oeste, que imitaba el paseo eólico cotidiano, se verá paulatinamente reemplazado por la vía más brumosa norte-sur. En consecuencia, la esperanzadora virtualidad mercantil navarra irá resbalando por el hielo del estancamiento y nunca rozará la cúspide de una alternativa eficaz al potencial rural navarro. En Araba el tránsito será análogo. La disolución en 1332 de la Cofradía de Arriaga supondría la cesión de su papel a un actor regio, el monarca de Castilla, quien no tendría recato en prometer que no fundaría nuevas villas ni crearía nuevas ferrerías.

En esta área se mantendría la estructura productiva agrícola, la correspondiente distribución del rol social y el marco que englobaba ambos planos: el feudalismo.

El siglo xvi potenciaría los dos modelos divergentes, pero complementarios, al integrarlos en un marco unitario. El paradigma urbano asumiría el sendero direccional de centro inductor y el agrario se verá relegado a jugar el papel de semiperiferia inducida.

2. Modelo urbano: la Euskal Herria atlántica

ESTA ÁREA ESTABA MARCADA por el predominio del modelo urbano, que impuso en el siglo XVI su organigrama al mundo rural circundante tras superar el antagonismo bajomedieval caracterizado por el enfrentamiento entre la visión señorial de los Parientes Mayores y el acicate mercantil de las villas.

Una serie de características iluminan y confirman este predominio.

En primer lugar, la tendencia antifeudal. A partir de la segunda mitad del siglo XV cobró fuerza un movimiento general, protagonizado por comerciantes, clero y campesinos, frente a la nobleza media y baja, de revisión de los derechos señoriales y de las usurpaciones efectuadas entre 1350 y 1450, que afectaban a propiedades, patronatos de iglesias, etc. El ascenso del sistema foral corrió pareja al resquebrajamiento del mundo feudal. Un síntoma de la debilidad de este fue el hecho de que los concejos, rectores, cabildos etc. se creasen en la posesión de unos derechos y confiasen en la posibilidad de hacerlos respetar.

Estos demandantes definían los mecanismos de apoderamiento señorial con términos como «usurpación», «apropiación indebida y violenta», «principio vicioso», «forma clandestina», que mostraban una situación de ilegitimidad e injusticia. Para fortalecer su argumentación y corroborar el valor de sus derechos recurrían a un pasado arquetípico de propiedad comunal.

He aquí un texto que ejemplifica la situación con meridiana claridad: «Tenía [el señor de Achega, de Usurbil] usurpados injustamente el Patronazgo, y diezmos que pertenecía a la Iglesia, sin título ni derecho, porque él y sus anteçesores por fuerça y violencia, como poderosos, se avían entrado en ello contra voluntad de sus partes, y de los Clérigos, Beneficiados y Mayordomos, los quales siempre lo avían contradicho, y reclamado, y si antes no auían salido judicialmente era por el mucho poder de los contrarios, y por las fuerças, mañas y violencias de que se auían valido». La última frase denota ese debilitamiento del poder feudal.

Contenciosos análogos a este de Usurbil contra los Achega, los hallamos en Azkoitia, Azpeitia o Berastegi. La primera se enfrentó en 1510 con los señores de Balda, la segunda discutió en 1579 el patronato de Soreasu a los de Loyola, y la tercera sostuvo un dilatado pleito contra el solar de Berastegi. En él aparece nítidamente el deseo de expropiar al señor de Berastegi de los derechos que ilegítimamente se atribuía y la alusión a una época arquetípica, en la que voluntariamente habían cedido parte de sus derechos al señor del valle. Este pasaje del documento no tiene desperdicio:

> ...en tiempos pasados solía auer guerras y disensiones, entre los Nauarros, y los vezinos de las dichas Uniuersidades de Verástegui, y Elduayen, y Gaztelu, que confinan con el dicho Reyno de Nauarra, y que los vezinos de los dichos lugares, andando trabajando en sus tierras, solían andar armados de temor de los dichos Nauarros; y que por eso, assentaron de hazer pariente mayor en la dicha tierra

> de Verástegui, e hicieron pariente mayor al dueño de la dicha casa, y solar de Verástegui; y porque les defendiesse de los dichos Nauarros, y visitasse cada semana dos vezes los dichos términos de Leyzaran, y Seles dél, y los Bustos de los vezinos de la dichas Uniuersidades, y le dieron el pan de la Iglesia de la dicha Uniuersidad de Verástegui, y los dichos florines, quesos, mantecas, carne y vino, y renta, porque los amparasse y defendiesse.

El señor de Lazkao pretendía ciertos derechos sobre un monasterio sito en Zumarraga y los Reyes Católicos le exigían el 22 de marzo de 1486 desde Medina del Campo que exhibiese el título y razón de tales derechos. En 1492 ordenaban al corregidor Juan de Ribera se informase sobre la actitud banderiza de los hermanos Martín Ruiz y Juan Sánchez de Elduaien en contra de la opinión de los comunes de la villa. Dos años más tarde los mismos reyes mandaban recabar información al corregidor a causa de la denuncia de un vecino, Juan López del Puerto, sobre la ordenanza hecha por veinte ricos hombres de la villa de Hernani por la que no podían ser cargos concejiles quienes no poseyesen una hacienda de 10.000 maravedises, «además de favorecer a los de su parcialidad en los apreciamientos y en las ventas de leña y madera de los comunes de la villa y de otras tierras y ejidos».

Todavía hacia 1624 los Parientes Mayores alegarían diversas razones referidas a su estatus privilegiado para negarse, en el pleito con la provincia de Gipuzkoa, a acudir a los llamamientos militares realizados por esta. Este documento le sirve a Fernández Albadalejo para señalar la persistencia del poder banderizo, aunque reconvertido e integrado en los nuevos rumbos de la sociedad, y razón no le falta, pues es una constante histórica que las viejas élites suelen acomodarse a las nuevas situaciones, colarse en las instituciones o amoldarlas en beneficio propio.

El lento desmantelamiento del mundo señorial de los Parientes Mayores acarreará el desmoronamiento, aunque a un ritmo más pausado si cabe, de un elemento fundamentador: la parentela. Entre los siglos XVI y XVIII la sociedad urbana, a través de normativas emanadas de las Juntas Generales, procuró poner coto a los excesos en bodas, entierros, bautizos y primeras misas, que servían de lugares de aglutinación y expansión a toda la parentela reunida. No obstante, es evidente que la familia transitaba hacia fórmulas nucleares en sustitución de las antiguas familias extensas. También se alteró el mecanismo sucesorio. La libertad de testar sobre la disponibilidad de los bienes raíces se impuso paulatinamente frente a la vinculación al señor. Predominaría la «ideología de la casa» en contra de los vínculos de la «familia amplia» o el clan, si bien es cierto que por razones económicas tal libertad derivaría inmediatamente hacia la troncalidad.

Asimismo, el mundo urbano buscaría el control o al menos la limitación de las «atribuciones jurisdiccionales» del clero, cuyas pautas ideológicas, sociales y económicas entroncaban con el mundo rural que se pretendía superar. La normativa contrarreformista derivada del Concilio de Trento, vehiculada más tarde en el país a través principalmente de los jesuitas, respondía al intento de proporcionar una cobertura y coherencia religiosas al mundo más cosmopolita de valores, representado por las villas. De un contexto semejante participaba probablemente la ofensiva contra el fenómeno de la brujería.

Otra característica sería la estratificación social. La configuración de cada territorio histórico a través de un largo y diferente proceso originó distintas formaciones sociales.

El señorío de Bizkaia fue fruto de la agregación, a veces impuesta frente a Nafarroa, de una serie de unidades, caracterizada por su peculiaridad en el contenido y por su diversidad en el tiempo. De ahí que en el siglo XVI presente una compleja estructura social antes de que se articule definitivamente la definición jurídica de la universal hidalguía.

En proceso evolutivo similar, aunque más homogéneo, ocurrió en Gipuzkoa, también substraída del reino navarro con anterioridad. Sin embargo, hay que reconocer que el peso de la Gipuzkoa nuclear sería más decisivo en su articulación y, por otra parte, que la prematuridad del sinecismo guipuzcoano configuraría una sociedad más hegemonizada por el modelo urbano, marginando notoriamente los restos señoriales, que ciertamente existían.

El sustrato fisiográfico de Euskal Herria continental y de las zonas holohúmedas de Araba y Nafarroa es común a Bizkaia y Gipuzkoa, pero no su evolución social, debido a su inserción en unidades político-administrativas más amplias como las monarquías francesa e inglesa, y a la adscripción a un comportamiento más feudalizante en Araba y Nafarroa. A pesar de ello, en determinados momentos caminarían hacia marcos jurídicos de hidalguía universal.

Esta amplia diversidad de procesos condicionaría la virulencia de los contenidos señoriales y las variaciones en la estratificación social, que mostraría cuadros más acusados en aquellas zonas con un fuerte y más duradero sistema señorial.

Para la Bizkaia rural, por razones de claridad expositiva, podemos ofrecer el siguiente espectro social, que, con algunas matizaciones, especialmente referentes al caso de los collazos, podría ampliarse a la Gipuzkoa nuclear a la entrada de la Edad Moderna.

En el mundo agrario los «ricos-homes» estaban encaramados en la cúpula de la sociedad. Escasos en número, desde la Baja Edad Media, además del sector agropecuario, echarían también raíces en los sectores secundario y terciario.

Los hidalgos ocupaban un amplio capítulo del espectro social, pero inmersos en situaciones económico-sociales claramente diferenciadas. La situación de cada hidalgo dentro del grupo dependía de dos elementos: el nivel de renta de la familia a la que pertenecían y su posición dentro del grupo familiar en función del grado de parentesco que le unía al jefe. En la cúspide de este grupo se hallaban los Parientes Mayores.

Amenizaban el estrato inferior los labradores, con variedad de situaciones. Los labradores censuarios estaban sometidos al rey. Debían satisfacer los diezmos y una renta fija (el pecho o censo), además de realizar una serie de prestaciones en determinadas circunstancias. Sin embargo, no se encontraban sujetos a la tierra y por ende disfrutaban de movilidad. Gozaban del dominio útil de la tierra, pero no del dominio directo, aunque podían legar o alienar el primero. Menos envidiable era el estatus de los collazos. Estaban adscritos a la tierra del señor o hidalgo hasta el punto de que no podían abandonarla y formaban una unidad indisoluble con ella. Consta también la existencia de labradores libres, que habitualmente trabajaban tierras ajenas como arrendatarios, aunque sus perfiles jurídicos carecían de un nítido contorno.

El mundo urbano en los umbrales de la modernidad también ofrecía su propia estratificación, articulada en tres escalones, lo que complicaba el espectro sociológico.

Un escaso número de familias, cuya potencialidad económica se fundamentaba en las actividades mercantiles, lograría monopolizar el poder local. La mayor parte de la población urbana estaría constituida por los comerciantes y artesanos y junto a ellos un incipiente proletariado urbano. Los núcleos de población judía, asentados en villas de carácter mercantil como Vitoria-Gasteiz, Salvatierra-Agurain, Orduña, Balmaseda, Arrasate o Segura, ya habían sido expulsados en 1492.

El desarrollo de este mundo urbano llevaría aparejada la imposición de un modelo jurídicamente «igualitario», definido por la hidalguía universal, que supondrá la confirmación legal de su triunfo.

Los nuevos tiempos se caracterizaron por la disolución progresiva del mundo rural, cuyos notables se fueron incorporando paulatinamente al mundo urbano, aunque el proceso originaría tensiones, que precisamente estudiaremos en el apartado dedicado a los conflictos sociales.

La conformación de una nueva estructura social a lo largo de la Edad Moderna tendría varios rasgos novedosos. Por un lado, el surgimiento de una burguesía burocrática (funcionarios, escribanos, letrados, etc.) al servicio de la maquinaria administrativa de los Estados francés y español, cuyo representante más cualificado y representativo sería el mondragonés Esteban de Garibay, secretario y cronista de Felipe II. La carrera burocrática, junto a la eclesiástica, el servicio de las armas o la emigración a América, serían durante mucho tiempo una honorable salida existencial para los «segundones» de la pequeña nobleza vasca.

Por otro lado, el desarrollo de una clase industrial y mercantil eclosionó al socaire de las actividades técnicas (ferrerías, astilleros e industria armera) y se enriqueció merced al incremento de las relaciones comerciales que desenvolvían los numerosos puertos costeros. Este núcleo, originariamente procedente de *jauntxos* rurales reconvertidos a las nuevas actividades, conformó el nuevo sector social dominante en el país litoral durante el Antiguo Régimen.

Asimismo, se generó una creciente proletarización, sobre todo a partir de la crisis del siglo XVII, de amplios sectores rurales, principalmente los arrendatarios, y de los grupos menos favorecidos de la villas y ciudades. Incluso el siglo XVIII asistiría a un ascenso de las situaciones de pobreza, de las que se hacen eco los registros de las Juntas Generales de Gipuzkoa: mendigos, pobres, huérfanos, expósitos, etc. –estudiados por Lola Valverde y David Zapirain–.

En cuarto lugar, es llamativa la escasa presencia de marginados foráneos, ya que las autoridades provinciales se encargaban inmediatamente de avisar a los alcaldes para que expulsaran inmediatamente a tales individuos: judíos, gitanos o egipcianos, moros y agotes.

Por otro lado, persistía una conflictividad larvada, que coyunturalmente se manifestaba en estallidos violentos. En el siglo XVI estos conflictos tenían un carácter eminentemente antiseñorial, consecuencia directa del enfrentamiento entre el mundo rural feudal en ocaso y el mundo urbano emergente. En el XVII la conflictividad se adornaría fundamentalmente de un matiz antifiscal, aunque en algún caso como el motín de la sal de 1634 adquirió un tono político, y en el XVIII los motines adquirirán un neto sabor múltiple sociopolítico.

3.
Modelo agrario

GRAN PARTE DE ARABA Y NAFARROA se situarían bajo el manto predominante de este modelo, que correspondería a la plasmación vasca del sistema feudal convencional.

Nafarroa, «*cum mica salis*», puede servir de paradigma para desentrañar las claves de la estructura social, correspondiente a este modelo.

Era una sociedad estamental y jerárquica, similar a otras muchas sociedades europeas, aunque con ciertos rasgos peculiares en virtud de su especificidad derivada de su idiosincrasia cultural y política, al ser hasta comienzos del siglo XVI un reino independiente, conquistado y anexionado por Castilla, aunque conservando su singularidad institucional, sometida a continua vigilancia. Su cuerpo social se dividía formalmente en tres estamentos o estados: la nobleza, el clero y el estado llano. No existía igualdad entre ellos, puesto que los dos primeros son de mayor categoría y ostentaban privilegios legales, habitualmente acompañados de un mayor nivel de riqueza, que los distinguían del resto de la población.

A la nobleza, según los tratadistas y la mentalidad de la época, correspondían las funciones militares y gubernativas.

Gozaba de variados privilegios que confirmaban su hegemonía social: exención de impuestos, monopolio de ciertos cargos, jurisdicción propia y derecho penal diferente, preeminencia en actos colectivos (ceremonias litúrgicas, procesiones, entierros) y privacidad del uso de ciertos elementos suntuarios externos como armas y trajes.

La nobleza provenía de la sangre y se heredaba. No obstante, este principio teórico era subvertido de facto por otras vías de ingreso en ella: la obtención del privilegio de hidalguía o «ejecutoria», previa demostración de la limpieza de sangre (no descendencia de moros, judíos o personas inmersas en procesos inquisitoriales), la compra de un título de hidalguía, la introducción fraudulenta en instituciones o actividades específicas de la nobleza o el ascenso por la vía matrimonial, frecuente en burgueses enriquecidos.

El mayorazgo era un patrimonio casi exclusivo de la nobleza y consistía en la vinculación de los bienes y derechos, en conjunto indivisible, que se transmitía según un orden prefijado a un miembro de la familia, normalmente el primogénito, y que este no podía enajenar sin permiso regio. Esta institución contribuía a fundamentar la prepotencia socioeconómica de la nobleza, aseguraba la pervivencia del apellido familiar y evitaba la ruina económica de los descendientes, de tal manera que la honorable alcurnia del linaje sobreviviera sin mácula *per secula seculorum.*

Una institución peculiar de Nafarroa era la «vecindad forana». Esta permitía, en determinadas circunstancias, a una misma persona avecindarse en varios pueblos a la vez y disfrutar en todos de los pastos comunales, del aprovechamiento de la riqueza forestal y otros privilegios del común. Al principio, todos podían adquirir vecindades foranas, pero a partir del siglo XVI se reservó esta facultad exclusivamente a los nobles, por lo que esta adquisición se convirtió en una nota de distinción nobiliaria. Además del prestigio social, la vecindad forana conllevaba evidentes ventajas económicas, entre ellas el pastizaje del ganado lanar trashumante en los montes comunales en calidad de vecinos sin pagar arrendamientos por el herbaje y disfrute.

El censo de Floridablanca (1787) proporciona un número de hidalgos que sobrepasa escasamente los 13.000. Suponía un cuarto de la población total (25,2 %), aunque los porcentajes se inclinaban progresivamente al descenso de norte a sur, desde la merindad de Pamplona (46 %) a la de Tutera (4,5 %). Por tanto, Nafarroa ocupaba un lugar intermedio entre el área costera y el limítrofe reino de Castilla.

Dentro del estatus nobiliario se distinguían, al menos, tres categorías: los titulados, los palacianos y caballeros y la hidalguía.

Integraban los «titulados», estrato superior de la nobleza, quienes poseían un título: duque, marqués, conde, vizconde o barón.

Los títulos de mayor solera, como los condes de Lerin (el único navarro incluido en 1520 como Grande de España), procedían de la Baja Edad Media, y en riqueza económica eran más modestos que la nobleza castellana o aragonesa. Muchos de ellos perdieron su condición navarra a consecuencia de sus enlaces matrimoniales con grandes casas castellanas, tal y como ocurrió con el condado de Lerin en el siglo XVI, que recayó en los duques de Alba.

Las necesidades pecuniarias de la corona de Castilla provocaron la creación de nuevos títulos, sobre todo a partir de la segunda mitad del siglo XVII. Ejemplos típicos son los condes de Javier (1625), los marqueses de Góngora (1695) y los marqueses de San Adrián (creados en 1696 y elevados a la grandeza de España en 1802).

Estos titulados detentaban la propiedad de grandes extensiones de tierra y ostentaban el señorío jurisdiccional de villas y lugares. Los señoríos más extensos se ubicaban en la Ribera, mientras que en la Zona Media eran más reducidos, pero también más numerosos. Por su enjundia y riqueza destacaba el condado de Lerin, que comprendía las villas de Lerin, Allo, Sesma, Mendabia, Lodosa, Cárcar, Sartaguda y Andosilla, y el marquesado de Faltzes, que abarcaba las de Azkoien, Faltzes, Funes y Marcilla. Todavía en la actualidad existen algunos pequeños señoríos en Lizarraldea, casos de Leartza o Kabrega. De este último fue desposeído por Carlos v su legítimo propietario, el mariscal don Pedro de Navarra, por su fidelidad a la causa del reino de Navarra, conquistada y anexionada a Castilla.

Los palacianos y caballeros representaban la nobleza intermedia, más numerosa. Los palacianos o dueños de palacios, de superior categoría a los simples hidalgos, se localizaban en ámbitos rurales. Eran propietarios de casas con título de palacio, en cuya fachada se incrustaba vanidosamente el escudo de armas. En Mirafuentes-Iturriaga, un pequeño pueblo de Lizarraldea, el palaciano del lugar, López de Mirafuentes, cuya residencia todavía recibe de «El Palacio», además de estar exento de «quarteles y alcabalas» y de pagar pechos al Marqués de Cortes, poseía diversos privilegios en los ritos religiosos (asiento preferente al lado del evangelio) y en las ceremonias procesionales, recibía doble porción de leña y pastos en los montes frente al resto de vecinos, era libre de oficios concejiles y debían guardarse sus panes y heredades a costa del Concejo (Probanza de hidalguía de Miguel López de Mirafuentes, 1628).

Solamente algunos palacios tenían una mayor consideración, los «cabos de armería». Eran asimilables los Parientes Mayores guipuzcoanos y vizcaínos. Sus titulares poseían una prosapia más linajuda, al menos en teoría, por ser originarios, es decir, no proceder de otra estirpe y ser raíz de otras progenies nobiliarias. Se distinguían de los restantes palacianos por la exención del pago de donativos y cuarteles (tributos o pechas que pagaba el tercer estado o los ruanos al rey) y disfrutar, aunque no todos, del derecho de asiento en las Cortes del reino, además de otros privilegios. Su número aumentó considerablemente durante el siglo XVII y primeras décadas del XVIII debido a la compra por hidalgos enriquecidos e indianos de estos estimados títulos vendidos por los reyes ante las apremiantes necesidades dinerarias de las exhaustas arcas regias. Los 119 palacios existentes en 1500 se multiplicaron hasta 200 a finales del XVIII, siendo más abundantes en la zona montañosa que en la Nafarroa media y la Ribera.

Los caballeros formaban la nobleza media que habitaba en las ciudades, aunque originariamente procedían del campo, donde conservaban sus señoríos y bienes. Con el paso del tiempo, especialmente a través de los enlaces matrimoniales, se integraron en la oligarquía urbana, monopolizadora de cargos municipales y prebendas. Incluían grandes comerciantes, letrados y escribanos, maestros, artesanos y otros profesionales.

Los hidalgos constituían la categoría inferior del estamento nobiliario. Estaban dotados, aunque no siempre, de una mejor posición económica que el resto de la población, de una condición social evidentemente más ventajosa en virtud de la limpieza de sangre y su consubstancial honor y honra, gozaban de la exención de pechas reales y señoriales, disfrutaban de la posibilidad de poseer vecindades foranas y participaban de los empleos de la administración local que les estaban reservados.

El siglo XVII y el primer cuarto del XVIII presenciaron una continuada concesión de privilegios de hidalguía, comprados sobre todo por familias enriquecidas gracias a las aportaciones de emigrantes o indianos.

Aunque en Nafarroa no se atribuyó la calificación de hidalgos a todos los habitantes del reino, a diferencia de Gipuzkoa y Bizkaia, algunos valles y pueblos obtuvieron el privilegio de la hidalguía universal. Estos reconocimientos de hidalguía a villas datan casi todos del siglo XV en recompensa por servicios prestados en las guerras o para favorecer la repoblación de lugares asolados por las vicisitudes bélicas u otras catástrofes naturales como las epidemias. Algunas poblaciones que lograron ese privilegio fueron: Irunberri (1391), Agoitz (1424), Allo e Iribas (1455), Amunarritz (1457), Gollano (1476), Intza, Betelu y Errazkin (1507) y Miranda Arga (1512).

Las concesiones a determinados valles pretendían beneficiar a comarcas fronterizas estratégicamente importantes tales como Aezkoa, Lana (¿1271?), Larraun (1497), Bertiz (1440), Zaraitzu (1556) y Bortziriak.

El valle de Erronkari defendería siempre que su hidalguía era originaria y no proveniente de privilegio concedido.

El clero formaba un estamento perfectamente definido e incluía a cualquier persona que hubiese recibido alguna orden sagrada, menor o mayor, o se hubiese comprometido con la Iglesia mediante votos religiosos.

El censo de Floridablanca (1787) proporcionaba un alto porcentaje de clérigos en Nafarroa, en torno a 4.800 personas, equivalentes a un 2,1 % de la población total, que debió ser todavía más elevado en los siglos XVI y XVII.

El estamento eclesiástico era más permeable que el nobiliario, ya que el ingreso y el ascenso eran más fáciles, aunque deba reconocerse que, en los puestos más relevantes, alto clero, tenían preferencia los miembros procedentes del estamento nobiliario.

Existían grandes diferencias tanto en ingresos como en modos de vida. Pero por razones de comprensión metodológica convendría establecer dos grandes grupos: el clero secular y el clero regular, vulgarmente denominados curas los primeros y frailes y monjas los segundos.

El clero secular comprendía al menos dos estratos: el clero alto y el medio-bajo.

Los obispos de Iruñea, y desde 1787 Tutera, ocupaban la cúspide de la jerarquía eclesiástica y, por su riqueza y poder, eran equiparables a la alta nobleza del reino.

El obispo de Iruñea presidía las deliberaciones del brazo eclesiástico en las reuniones de Cortes y en ocasiones llegó a ejercer como virrey interino.

Los límites de la diócesis pamplonesa abarcaban la parte norte del reino e incluían el arciprestazgo de Hondarribia, en la provincia de Gipuzkoa. La diócesis de Tutera fue creada en 1787 y comprendía una parte de la merindad homónima.

Rodeaban a los obispos el alto clero, que integraba los cabildos catedralicios y de colegiatas, con una jerarquización que iba desde las dignidades y canónigos hasta llegar a los beneficiados y capellanes. Eran desempeñados por personas procedentes de las clases urbanas pudientes, nobleza y burguesía, y sus rentas les permitían una vida holgada.

El clero medio-bajo abarcaba al clero parroquial (abades, párrocos, vicarios, tenientes de cura, beneficiados, capellanes, sacristanes, acólitos, ordenados de menores etc. con diferencias considerables entre ellos), que según el censo de 1787 ascendía a la respetable cifra de 2.739.

A pesar de la mejora conseguida tras la normativa tridentina, la preparación intelectual era deficiente y el nivel moral dejaba bastante que desear. Unos ligeros estudios de gramática facultaban acceder a la recepción de las órdenes, al cargo de sacristán o capellán, más tarde a algún beneficio vacante y los menos acababan sus días como vicarios o párrocos.

El clero parroquial procedía generalmente de familias campesinas medias y ricas y por su formación y mentalidad se asimilaban al ambiente del que provenían.

Los ingresos principales dimanaban de la percepción de los diezmos (la décima parte de las cosechas y ganados) y las primicias (primer fruto variable según comarcas), que los feligreses entregaban a la Iglesia. El diezmo se distribuía de formas diferentes, aunque el reparto más usual era el siguiente: una parte para la Iglesia, otra para el obispo y el resto a dividir entre el párroco y los beneficiados. A veces, los patronos laicos de iglesias percibían los diezmos en su integridad y entregaban una parte a los clérigos encargados del culto, que recibía el nombre de «congrua». Otros ingresos complementarios emanaban de las, en principio, ofrendas voluntarias, aunque impuestas por la costumbre en determinados días como el de difuntos, y los estipendios por la celebración de misas y sacramentos.

Muchas parroquias pobres de la Montaña y Zona Media no proporcionaban los ingresos suficientes para el mantenimiento del clero; por ello no es raro encontrar noticias en la documentación acerca de clérigos ejerciendo oficios «que desdecían de su sagrada función». Por el contrario, las ricas parroquias de las villas ribereñas proveían a su clero de ingresos saneados.

El nombramiento del clero parroquial era muy variable. Unas veces se efectuaba por elección vecinal, en otras decidía el patrono laico, así en el caso de los capellanes descendientes del fundador de la capellanía, en algunas el patrono eclesiástico y en ocasiones el obispo.

He podido comprobar documentalmente como en el pueblo de Mirafuentes los vecinos elegían a su párroco entre varios candidatos. En 1709 fue elegido con mayor número de votos José Ortiz, beneficiado de Mirafuentes, frente a José Chasco, abad de del cercano pueblo de Otiñano. El no electo protestó y los vecinos adujeron que el motivo principal de su descarte residía en sufrir un defecto inhabilitante: la halitosis (mal aliento). En este mismo pueblo, en 1606, el párroco, Juan de Eguilaz, natural de la colindante aldea de Ubago, fue asesinado mediante diecisiete puñaladas por motivos pasionales, sin haber logrado descubrirse al autor de la fechoría. Incluso en 1659 los jurados de Mirafuentes denunciaron a un beneficiado de su parroquia, Pedro Gastón, por negarse a pagar 110 reales de multa que los guardas del concejo le habían impuesto por los daños que las cabras del susodicho habían hecho en diversas heredades.

El clero regular englobaba a los frailes y monjas encerrados en monasterios y conventos.

Las fundaciones monacales, de origen medieval, abundaban en Nafarroa en cantidad y relevancia. Entre los siglos XVI y XVIII subsistieron: el de Iratxe (benedictino), los cistercienses de Leire, La Oliva, Fitero, Martzilla e Irantzu (cerca de Abartzuza) y el premonstratense de Urdazubi. El benedictino estaba adherido a la confederación castellana y los cistercienses a la aragonesa, aunque pretendieron crear una provincia propia navarra, sin conseguirlo. Hasta en este tema la centralización castellana se imponía.

En 1787, entre monjes profesos, legos, novicios y criados sumaban la nada despreciable cifra de 236. Predominaban los de extracción nobiliaria y burguesa. Además de su dedicación contemplativa y la combinación del trabajo, el estudio y la oración, tal como prescribía la regla benedictina, el cuidado de sus feraces rentas patrimoniales, la labor asistencial y la irradiación cultural en el medio rural con estudios medios y alguna Universidad como la de Iratxe son las tareas que deben destacarse. Sin embargo, no alcanzan parangón posible con la fuerza de trabajo, las exacciones y los excedentes productivos que extraían del campesinado, por la vía coactiva, ideológica y social. Por otro lado, no son pocos los testimonios que acusan a ciertos monasterios y a algunos monjes de relajación moral y costumbres licenciosas, a pesar de las rigurosas medidas dictadas por el Concilio de Trento.

En las ciudades y localidades más populosas existían conventos de diversas órdenes, muchos de fundación medieval como los dominicos, agustinos, mercedarios y franciscanos.

En los siglos XVI y XVII surgirían otras nuevas como los jesuitas. Fueron fundados a mediados del siglo XVI por el guipuzcoano Ignacio de Loyola, que luchó a favor de Castilla durante las guerras de conquista, y tendrían gran arraigo en Euskal Herria. Abanderados de la contrarreforma, con una formación larga e intensa, sometidos a una fuerte disciplina y jerarquización internas y con voto de obediencia y servicio directo al papado, nacieron bajo el aguijón fundacional de una ideología de astucia, rigor, estudio, emulación, recuperación y combate, que practicarían en sus diferentes campos de actuación: misionerismo, enseñanza y dialéctica verbal y escrita.

El mayor número de conventos correspondía a los franciscanos, seguidos de carmelitas y dominicos. Las clarisas, benitas y agustinas abundaban más entre las religiosas.

4.
El ámbito urbano y rural en Nafarroa

AUNQUE NAFARROA ERA UN REINO PRIMORDIALMENTE RURAL, destacaban algunos núcleos urbanos: Iruñea, Lizarra y Tutera.

Durante la Edad Moderna la población campesina experimentó un mayor crecimiento que la urbana, situándose el máximo en el siglo XVI. La crisis del XVII afectó con más ahínco a las ciudades que al campo, iniciándose el crecimiento durante el último cuarto de la centuria, que continuaría en el siglo XVIII.

La ciudad ofrecía mejores oportunidades de ascenso social, de ahí la continua corriente migratoria del *rus* a la *urbs*. La misma nobleza alta y baja tendería a instalarse en las ciudades, aunque sin abandonar sus palacios y casas solariegas de origen. Profesiones liberales y negociantes se instalaban en ellas para mejorar sus ingresos y posición social y muchos campesinos desheredados de la fortuna, pobres y toda clase de aventureros confiaban en hallar dentro de sus muros un medio de vida o un modo de subsistencia.

La nobleza, el clero, los hombres de negocios, mercaderes, magistrados y profesiones liberales formaban una auténtica oligarquía o patriciado urbano, poco numeroso, con recursos e influencias, con mansiones elegantes y acomodadas, dividido en clanes que, una vez superado el enfrentamiento bajomedieval, habían optado por repartirse las prebendas, cargos, oficios de la administración política y judicial del reino y de las ciudades.

Tras la conquista castellana, en Nafarroa permanecieron sus principales instituciones, aunque bajo constante vigilancia y control. Iruñea, cabeza del reino y sede episcopal, era el centro de la administración civil y religiosa. Una caterva de letrados y funcionarios, mayores y menores, pululaban alrededor de la Diputación, Consejo Real, la Corte Mayor, la Cámara de Comptos y la curia episcopal. En menor escala, algo similar ocurría en cada cabecera de merindad y lugares con sedes judiciales.

Los sueldos de los altos funcionarios (consejeros del Consejo Real) podían ascender a 500 ducados anuales a fines del siglo XVI, mientras que los secretarios solo percibían 50, salario escaso si consideramos que por esa misma época un nivel de vida decente requería la percepción de unos 100 ducados anuales de renta, libres de cargas. Sin embargo, aunque las retribuciones fuesen generalmente modestas, el prestigio inherente a los cargos públicos y su misma ocupación permitía la obtención de ingresos complementarios atípicos y, sobre todo, el anudamiento de relaciones de amistad y parentesco con la nobleza y la burguesía urbana.

No conviene olvidar que la condición fronteriza del reino y la situación de anexión forzada obligaba a la residencia permanente de una guarnición militar y, por tanto, a la presencia de un grupo de oficiales castrenses.

La profesión liberal más codiciada era la de escribano (equivalente al actual notario) de tal manera que las Cortes en 1715 se vieron precisadas a limitar su número y fijar la cantidad de 148 para todo el reino.

La burguesía industrial y mercantil tenía menos relevancia, dado el carácter esencialmente rural de la economía navarra y la relativa modestia del volumen de negocios y la actividad artesano-industrial. Algunos grandes mercaderes se dedicaban al comercio exterior con Francia y Europa Occidental, los restantes se dedicaban a negocios humildes.

Los artesanos, agrupados en gremios, los pequeños tenderos y los funcionarios integraban el estrato inferior y medio de la sociedad urbana y sus condiciones de vida eran, en conjunto, sensiblemente mejores que las de la mayoría del campesinado.

Los gremios proporcionaban ventajas a los asociados: suministro de materia prima, evitación de competencia, medios de previsión y ayuda mutua y la correspondiente cofradía. Además, la ciudad como tal poseía privilegios e instituciones que defendían los intereses de los vecinos, mientras en el ámbito rural reinaba un mayor desamparo.

Los gremios eran teóricamente abiertos a todos e internamente escalables; pero en la práctica no ocurría de tal guisa. Existían obstáculos para la admisión de etnias marginadas como los gitanos y judíos y la crisis económica del siglo XVII provocaría una cerrazón *ad intra*, limitando el ascenso a la maestría, y *ad extra*, reservándola a los parientes y deudos.

Desde el siglo XVI se establecieron jerarquías entre los gremios por razones de prestigio y no puramente económicas. Se consideraban nobles los de joyero, platero o artista, mientras que otros eran más despreciados, como los de pellejero, ventero o mesonero. El Consejo Real, en 1599, declararía como oficios «viles y deshonrosos» a los anteriormente mencionados y los de zapatero, carnicero, tabernero, herrador, cerrajero, zurrador (golpeador de las pieles para curtirlas), fajero, regatón (revendedor), molinero y capador. No resulta extraña esta relación, que coincide con otras. En algunas localidades guipuzcoanas como Errenteria eran considerados también oficios infamantes, en pleno siglo XVIII, los de txistulari, tamborilero, verdugo y carnicero.

Los artesanos del mismo gremio vivían generalmente en determinadas calles a las que adjudicaron su nombre. Todavía en los cascos viejos de algunas ciudades perviven tales denominaciones: calles Zapatería, Calderería y Tejería en Iruñea o Herrería en Vitoria-Gasteiz.

Las ciudades brindaban, asimismo, refugio a los pobres y marginados: criados, sirvientes, jornaleros temporales, hombres sin trabajo, mendigos, enfermos, huérfanos, peregrinos desclasados, viudas, expósitos, prostitutas, vagos, pícaros, delincuentes, gentes de mal vivir, eternos estudiantes, etc. Su número era relativamente elevado, pues, según el censo de 1787, más de una cuarta parte de la población activa pamplonesa eran criados y criadas. Esta población marginada se incrementaba en los años de hambre y de crisis, al acudir a las ciudades en busca de trabajo o de la caridad (la famosa sopa boba de los conventos).

El ámbito rural predominaba en Nafarroa, pues más del 80 % de población vivía en el campo. Una variada gama de situaciones determinadas por factores geográficos e históricos originaban un rico mosaico, que comenzaba en la montaña y terminaba en la Ribera. A pesar de ello, nuestro ánimo sintético nos incita a señalar dos rasgos generales:

En primer lugar, la propiedad estaba mejor repartida, en general, en la Montaña que en la Zona Media y en la Ribera. En la primera eran escasas las familias que no poseían algunas tierras y animales, bien como propietarios o bien como arrendatarios con rentas fijas y contratos a largo plazo. En la Ribera, por el contrario, existían jornaleros puros. En la Montaña y la Zona Media abundaba la figura del «criado de labranza», más o menos joven, predominantemente soltero (el *morroi*), que vivía en casa del amo, contratado por varios años para las faenas agrícolas.

En segundo lugar, la agricultura de la Ribera y de las zonas llanas medias era más rica que la montañesa. Pero, a cambio, en la montaña la ganadería y otras actividades como el pastoreo o el carboneo paliaban su natural pobreza. En la Ribera, por otra parte, los contrastes entre ricos y pobres eran más acusados.

Podría establecerse, en un claro afán de distinción operativa, una triple estratificación social: campesinado alto, medio y bajo.

Se adscribían al primer estrato los hidalgos y una minoría, difícil de precisar, de labradores acomodados, propietarios de tierras, casas y ganados que les permitían ahorrar con la venta de los excedentes, cuyo estilo de vida era similar a la de los hidalgos y su máxima aspiración radicaba, precisamente, en lograr su estatus. Estos labradores, en compañía de los hidalgos, ocupaban los puestos de honor y gobierno en sus respectivos pueblos. Las salidas más normales de los hijos, salvo los mayorazgos, eran variadas; estudiar una carrera, ingresar en el estamento clerical o militar, ejercer profesiones liberales y emigrar.

El campesinado medio, más numeroso, carecía de perfiles más precisos. El trabajo de la tierra, en régimen de pequeña propiedad o de arrendamiento, le proporcionaba un inseguro y, con frecuencia, insuficiente sustento. Cualquier circunstancia adversa: mala cosecha, epidemia, enfermedad y fallecimiento podría sumergirlo en una grave crisis, en la ruina o en la miseria. Acudía con demasiada frecuencia al recurso del préstamo, cuya devolución a la larga resultaba imposible, conllevando un endeudamiento permanente. Por ello se veía obligado a recurrir a ocupaciones complementarias (trajinería, artesanía o carboneo) durante la época menos ajetreada para remendar sus exiguos ingresos, y sus hijos e hijas optaban por la vía del contrato como criados.

El campesinado pobre sufría el asedio continuado de una vida más cruda y encallecida. En todas las sociedades occidentales su existencia resultaba muy dura. El reformista Lutero en Alemania decía que al campesino correspondía, como al burro, «*Cibus, onus et virgam*» –cebada, carga y azote– (citado por F. Engels, p. 72). La tierra y el ganado no ofrecían los ingresos suficientes para mantener a la familia; de ahí la búsqueda de fuentes suplementarias retributivas por otras vías (carboneo, corta de leña, arriería, pastoreo, servicio doméstico, artesanía textil, siega, trabajo a jornal, etc.), cuando la heredad propia o el arrendamiento de la propiedad ajena lo permitían.

El pueblo de Murieta, en Lizarraldea, que todavía conserva la antigua costumbre del levantamiento del «Mayo», estudiada por el tolosarra Juan Garmendia (así como el cercano de Mirafuentes o Iturriaga, ya en el valle de la Berrueza), suministra un inmejorable paradigma de la existencia de esta triple estratificación. En 1607 existían cuatro familias acomodadas, cuyos bienes sobrepasaban el valor de los 1.000 ducados, veinticinco se hallaban en el término medio de la escala con propiedades que se encontraban entre un mínimo de 100 y un máximo de 1.000 ducados y las diecisiete restantes no llegaban a los 100 ducados. Este modelo, sin embargo, no era aplicable a la Ribera, donde la proporción de labriegos pobres todavía alcanzaba cotas más elevadas.

5.
El mundo de los marginados

LA EXISTENCIA DE MARGINADOS POR RAZONES RELIGIOSAS, raciales, sociales o de otra índole no cabe negarla. Las actuales preocupaciones historiográficas por el estudio de esta temática y otras afines, como las mentalidades y la vida cotidiana, están relacionadas con la idea de que una sociedad revela la íntima contextura de su sistema estructural y mental en la forma, modo y manera en que trata a estos colectivos de marginados.

El problema converso (al igual que el morisco estudiado por Mercedes García Arenal) en el reino de Nafarroa no se caracterizó por el extremismo y la virulencia. El número de judíos ya había disminuido considerablemente en el siglo XV, perdiendo, además, su antigua relevancia económica y social. Su expulsión de la corona de Castilla en marzo de 1492 indujo a las autoridades del reino navarro a adoptar medidas de vigilancia para que no se introdujesen en Nafarroa. Sin embargo, los reyes navarros promulgarían seis años más tarde un decreto expulsando a quienes no se bautizaran. Pocos decidieron abandonar el reino, optando la mayoría por la conversión más o menos sincera, tal como se deduce del número de familias que permanecieron en las aljamas de Tutera, Lizarra, Viana y otros lugares.

Pero, a pesar de su cristianismo legal, la marginación les acechaba detrás de cada esquina de su vida cotidiana. En 1501 les fueron vedados oficios y beneficios, repitiéndose la ratificación de esta ley en los años 1516, 1561, 1569, 1572 y 1576, aunque tanta reiteración legal permite sospechar que en la práctica la normativa no se cumplía. La discriminación arribaba a facetas tan nimias de la existencia diaria como la colocación en la catedral de Tutera de un gran lienzo en lugar visible, denominado «la manta», con el nombre de las familias conversas de ciudad a fin de perpetuar públicamente para la posteridad su infamia y deshonra.

La población morisca, muy minoritaria en relación a la valenciana o aragonesa, se localizaba casi exclusivamente en la merindad de Tutera, en las poblaciones ribereñas al Ebro. Además, su número también se había reducido en el siglo XV. Por ello, la expulsión decretada por Felipe III de Castilla en 1607 tendría mínimas repercusiones en el reino de Nafarroa. No así en la Euskal Herria continental, donde se asentarían temporalmente comunidades moriscas, procedentes de las riberas del Ebro y sus afluentes en el reino de Aragón, junto al lago Mouriscot cercano a San Juan de Luz, denominación que evidencia esa peripecia. Posteriormente también serían expulsados a países ribereños mediterráneos. En los restantes territorios de Euskal Herria la población morisca era inexistente. Las Juntas Generales de Gipuzkoa se hicieron eco de su paso por el territorio camino de su expulsión.

Los agotes, a los que ha dedicado sus afanes investigadores Florencio Idoate y, más recientemente, la italiana Paola Antolini y otros, formaban otro grupo marginado legal y socialmente, por vía hereditaria. En Gipuzkoa se prohibía su asentamiento al igual que a los conversos, moriscos y gitanos o «egipcianos», como comprueba cualquiera que lea los registros de las Juntas Generales.

Eran considerados de raza inferior y menospreciados por el resto de la población, adjudicándoles, incluso, rasgos físicos distintivos como el mal aliento o la posesión de rabo. La repugnancia física y los prejuicios religiosos, tales como su ascendencia herética y pagana, se confabulaban para fomentar este sentimiento repulsivo hacia ellos.

La segregación se manifestaba en múltiples detalles. Vivían en barrios separados, no participaban en el gobierno del lugar, no tenían derecho a vecindad, en las iglesias no podían pasar de la pila del agua bendita, no recibían la paz y se estigmatizaban los enlaces matrimoniales con ellos.

Se han vertido varias teorías sobre su origen: procedencia goda, islámica, albigense (una herejía medieval del sur de Francia) e incluso descendencia leprosa.

Familias de agotes se encontraban en pueblos de los valles pirenaicos desde Baztan hasta Roncal, aunque el último reducto será el barrio de Bozate, perteneciente a Arizkun, en el valle baztandarra.

Los agotes acudirían durante la Edad Moderna a los tribunales y gracias a diversos procesos mejoraron lentamente su posición jurídica y social hasta lograr la equiparación legal, mediante una ley promulgada por las Cortes de 1817.

Los «habitantes», «moradores» o «caseros», a diferencia de los vecinos residentes, en ciertos valles y lugares montañeses eran excluidos de los aprovechamientos comunales y del gobierno local, por lo que su situación entraba en el campo de la marginación. La supresión de esta evidente discriminación no se lograría hasta bien entrado el siglo XIX, ya que todavía en 1848 José Yanguas reconocía su existencia en algunos lugares.

Los pecheros, sujetos al pago de pechas al rey o a algún señor laico o eclesiástico, podían ingresar fácilmente en el estatus de marginado. En Nafarroa el rol de pechero no era opuesto al de hidalgo, pues este no se hallaba exento del pago del servicio ordinario como en Castilla.

Las pechas se pagaban individualmente, en unos casos, y en otros colectivamente por todo el pueblo, al estar «encabezado». La cuantía no solía ser elevada y acostumbraba a cotizarse en especie, trigo o cebada, más alguna suma dineraria. Resultaba, sin embargo, más degradante, el simbolismo de la pecha: la sumisión al señor, que suponía, incluso, el transporte del montante al granero del señor en fecha fija, además de otras prestaciones personales de trabajo en determinados días, las «corveas» o «sernas».

La liberación de la infamia pechera era un anhelo común y para ello se invirtieron grandes sumas de dinero, en ocasiones para reconvertir la pecha en «censo perpetuo». Mas los señores se opusieron con tenacidad a cualquier cambio, porque la percepción de pechas conllevaba unos sustanciosos ingresos, la exención del servicio ordinario y el prestigio inherente al rango nobiliario.

La fundamentación y naturaleza jurídicas del pago de pechas originaba confusión al mezclarse derechos señoriales, exacciones fiscales y pagos derivados del derecho de propiedad. Por ello, su abolición en el siglo XIX originó una intensa polémica. Los pecheros consideraban que implicaba una carga personal, feudal y vasallática y, por tanto, su abolición era justa y legal tal como se deducía de las leyes de 1811, 1823 y 1837. Los perceptores aducían que era un canon procedente del derecho de propiedad y por ende debía respetarse.

Los gitanos fueron sometidos en Nafarroa, como en el resto de los territorios vascos, a leyes rigurosas y restrictivas, derivadas en gran parte de la política religiosa. Pretendían integrarlos o expulsarlos. Pero la continuada reiteración de las normas a favor de la expulsión demuestra inequívocamente su incumplimiento y la ineficacia de la estrategia asimiladora.

Las miserables condiciones de vida del campesinado, agravadas por coyunturas adversas como las hambres, malas cosechas, epidemias y exacciones fiscales, provocaban el abandono de la estabilidad hogareña y el lanzamiento a situaciones al margen de la ley: vagabundos y bandoleros.

Los vagabundos incurrían en pequeños robos para sobrevivir y dieron origen a que muchos pueblos organizasen un sistema de prevención de hurtos, los «guardas de campo». Algunos eran peregrinos, que no habían regresado a sus lugares de origen.

Los bandoleros, problema crónico en el mundo mediterráneo, también corretearon por los campos navarros. Proliferaban en las comarcas montañosas, como Erronkari o Ioar (todavía se celebra en Torralba en el mes de junio el rito de la muerte de un famoso bandolero, Juan Lobo), Bardenas y las zonas deshabitadas de la Ribera. Las víctimas solían ser los viajeros y comerciantes, aunque también se cometían otros asaltos menores.

La existencia de pobres es un hecho indudable. Para paliar parcialmente este problema surgieron hospitales y otros centros de beneficencia como las casas de misericordia o las dotes para doncellas. La mayoría de estas dotes nacieron como fruto del concepto cristiano de la caridad, sobre todo tras la difusión del espíritu del franciscanismo, del que se imbuían las clases más favorecidas para acallar los hirientes aguijones de la conciencia y justificar la depredación social. Iruñea, las capitales de merindad y algunos pueblos disponían de hospitales donde se acogía a los enfermos más pobres y se cobijaban transeúntes, mendigos y vagabundos. También existían hospitales específicos para peregrinos del Camino de Santiago, alguno perfectamente marcado para tal fin en las jambas de la portada en

Lapoblación, lugar situado en un camino secundario, que, partiendo de Monjardín, por el valle de la Berrueza y la sierra de Kodes, descendía hasta Logroño por Oion.

En los siglos XVI y XVII se crearían otras dos instituciones benéficas: el Padre de Huérfanos (1576) y el Abogado de Pobres (1622). Al primero le competía la protección de pobres, desvalidos y, por supuesto, los huérfanos menores de edad, y al segundo la defensa judicial de los necesitados.

Los conventos y monasterios también cumplían funciones benéficas, hospedando a vagabundos, caminantes y peregrinos, y repartiendo comida, sobre todo en época de escasez.

III.
La conflictividad social

1.
Preliminar obligado

LA INTERPRETACIÓN DE LA CONFLICTIVIDAD SOCIAL remite ineludiblemente a una múltiple causalidad. Actúan interdependiente y dialécticamente una variada gama de elementos estructurales o de largo alcance, que explican el contexto generador de la tensión. Sobre este activo combinado emerge en cada coyuntura alguno o algunos de los factores que provocan el afloramiento de la tensión larvada, aparcando a los demás a un protagonismo secundario. El malestar soterrado puede explosionar en diferentes formas crecientemente violentas, cuyos matices diferenciadores son, a veces difíciles de percibir. Pleitos, defensa común mediante hermandades, algaradas, asonadas o motines, rebeliones o revueltas y revoluciones son expresiones abiertas, con un cariz progresivamente más reivindicativo, de una tensión latente que estalla al socaire de coyunturas impelentes: abusos, exacciones fiscales, hambre, carestías, contravenciones de las libertades tradicionales, transgresión de la economía moral, etc. Generalmente, el poder, que posee abundantes resortes, logró aplastar las justas iras populares con la inevitable secuela represiva, normalmente consistente en el ajusticiamiento mediante la horca, la condena a galeras, astilleros o minas, el ingreso en las cárceles, los azotes, los destierros, las confiscaciones de bienes y las multas o «composiciones».

Convendría subrayar que la conflictividad social no fue un fenómeno exclusivo de Euskal Herria, sino generalizable al contexto europeo y estatal, abrazando una etiología muy similar, aunque se adviertan algunas diferencias notables. En Euskal Herria los conflictos fueron más locales o comarcales, menos sangrientos y sin la carga religiosa que circunvaló a otros conflictos europeos. Pero tampoco cabe silenciar la mayor incidencia de un ingrediente político inserto en la propia peculiaridad foral vasca dentro de la corona española, que intermitentemente agredía esa singularidad nunca por ella deseada.

Recordemos solamente a título de ejemplo que los conflictos, mayores y menores, fueron numerosos en otros lugares y países. El historiador Suárez Gramón ha contabilizado en Canarias nada menos que 58 entre 1718 y 1847. Entre los más importantes acontecidos en ámbitos extravascos podríamos señalar los siguientes: la rebelión de los irmandiños galaicos (1467-69); las revueltas de las Germanías valencianas (en 1520-22 y 1693-95) y de las Comunidades de Castilla (1520-22); las rebeliones de la «nación» morisca (1500-1501, de la sierra de Espadán, de Castellón, en 1526, la de las Alpujarras, en 1598-1590, y durante la expulsión, en 1609); la sublevación foral de Aragón contra Felipe II en 1591 (estudiada por Colás Latorre y Salas Ausens); la guerra de los campesinos alemanes (1524-1525), comandados por Thomas Münzer, y estudiada entre otros por el mismísimo Federico Engels (Ed. Andes, Buenos Aires, 1970); las guerras de religión en la Francia del siglo XVI o en Inglaterra (1640-48), que tomaron con frecuencia formas de disturbios sociales; la revuelta inglesa de Kent (1549); la segunda rebelión morisca de las Alpujarras (1568-70); la rebelión de Escocia

(1638-51) y de Irlanda (1641-52); varias revueltas en Inglaterra (la Peregerina o de Gracia, en 1536, la de Kent, en 1549, las forestales, en 1626-1660, las de los pantanos, en 1627-1640); numerosas insurrecciones en Francia (la de Guyena o de los «pitauts» de Aquitania, 1547-1548, la de los «croquants», 1594-95, la de Augumours y Poitou, 1636, la del Perigord, 1637, la de Baja Normandía, 1639, y la de Rourge, 1643); las sublevaciones de Cataluña (1643-1659, esta con fuerte carga social, como han demostrado Eva Serra y Vidal Pla, 1688-89 y 1704-14); los motines de Evora (Portugal, 1637); la independencia de Portugal (1640-1669), las revueltas de los bosques y de los pantanos en Inglaterra entre 1626 y 1640; la conspiración del Duque de Medinaceli y del marqués de Ayamonte en 1641 para convertir Andalucía en un estado independiente; la del Duque de Híjar en 1648, que intentaba proclamar un Aragón independiente bajo el amparo francés de Mazzarino; las revueltas en Guyena, Languedoc y Provenza en torno a 1632-1645; la rebelión de Bohemia en 1619; las revueltas de los campesinos o «un-pieds» en Normandía (1639-40); La Fronda en Francia (1648-53); la revolución británica entre 1641-49; la revuelta de Ucrania (1648-54); las alteraciones andaluzas en 1647-52; los motines en Nápoles y Sicilia a mediados del siglo XVII; las revueltas del Bajo Volga de Razin (1670-71); la revuelta del «papel timbrado» o de «las Boinas rojas» en Bretaña (1675); las revueltas de Bulavin (1707-8) y Pugachev (1773-74) en la Europa Oriental; el motín de Esquilache en Madrid y de Provincias en la primavera de 1766; la guerra de las harinas (mayo de 1775); las revueltas del hambre en Inglaterra (2-9 junio de 1780); la revuelta de Ginebra (1782); los motines de Holanda (1783-1787); los disturbios del pan en Galicia (1790); la alteración de Guadalajara en 1794; los disturbios previos a la independencia de EEUU; la revolución francesa de 1789, etc. Esta larga lista revela que las condiciones reales de vida en todas las latitudes eran miserables y empujaban cíclicamente a la rebelión a importantes masas de la población, a pesar del enorme peso de los poderes fácticos y de la represión ejercida. El listado insurreccional podría ampliarse hasta resultar avasallador para el lector y agotador para el autor. A los interesados en el tema les sugiero que lean como aperitivo los libros de Henry Kamen y Pérez Zagorín y otros, citados en la bibliografía, y se percatará de la verdad del refrán popular «en todos los sitios cuecen habas».

Las clases populares, sobre todo los campesinos, reaccionaban contra todo lo que atentase contra la costumbre tradicional y lo que el gran historiador británico, Thompson, secundado por el galo Tilly, denominan «economía moral de la multitud», basada en los principios cristianos de la justicia. La instauración de un nuevo impuesto, el alto precio del cereal no tasado, la reimplantación de servidumbres o la conculcación de «sus libertades, exenciones y franquezas» rompían el *statu quo* inmemorial y el campesino tendía a restaurar el orden moral, legal y, en definitiva, cultural, que se había visto alterado por la intervención señorial, estatal o del mundo urbano, inclinado ya a posicionamientos liberales, como aconteció en las carlistadas.

La larga lista de agravios podría ser variada:

- El proceso reseñorializador de los siglos XVI y XVII.
- El progresivo control de los cargos municipales y provinciales por parte de una oligarquía de notables.
- El aumento de la presión fiscal provocado por el crecimiento de la maquinaria financiera de los Estados español y francés, que haría recaer el costo de las necesidades de construcción del Estado Moderno sobre las espaldas de las clases populares, ya que el estamento nobiliario estaba exento...

- La pretensión de debilitamiento de los regímenes forales y la extensión a ellos de otras contribuciones comunes fiscales y militares como derivación directa de la progresiva consolidación de las estructuras estatales uniformadoras.
- La paulatina implantación de la economía de mercado, que conllevaba un incremento de la especulación sobre los granos, el predominio del mundo urbano sobre el rural y el trastocamiento del sistema económico moral tradicional, que usaba básicamente dos procedimientos, el trabamiento y la tasación, para evitar las carestías y escaseces de los productos alimenticios de primera necesidad.
- El complejo papel jugado por el clero, a veces apoyando las reivindicaciones campesinas frente a los notables, otras exigiendo a los labriegos diezmos, tributos y pechas, en ocasiones colaborando sospechosamente en alguna medida en procesos desestabilizadores y las más de las veces ayudando al Estado a mantener el orden constituido en perjuicio de las exigencias populares.

En concreto, las revueltas vienen inducidas por tres tipos de actuaciones: la señorial, la de la monarquía y la incidencia del mercado. Este no era un ente abstracto, como nos incitan a creer los gurús de la economía actual, sino frecuentemente era manejado por los intereses de las oligarquías dominantes, principalmente las rurales durante los meses de «soldadura» (los meses de primavera, cuando estaban finiquitando las reservas de la cosecha anterior y se desconocía la cuantía de la venidera).

La resistencia antiseñorial cuestionaba los derechos y usos vigentes desde la Edad Media permanentemente puestos en entredicho por los vecinos, pero defendidos y reimplantados con tenacidad por los señores. Para lograr la inmunidad de tales contribuciones las comunidades vecinales acudían a métodos generalmente pacíficos: compra de los derechos, pleitos, traslado a poblaciones de realengo o incumplimiento de las obligaciones. Así lo hicieron los lugares alaveses de Mendoza y Mendibil, que consiguieron rescatar en 1554 la justicia civil y criminal tras un largo contencioso contra los duques de Infantado y los Hurtado de Mendoza, sus respectivos señores, erigiendo una picota o rollo con el escudo de la monarquía, que todavía existe en el lugar de Bikolanda. Los lugareños de Saint Pée (Senpere, Lapurdi), quienes mediante una concordia lograron la construcción de un molino propio frente al monopolio harinero del señor de Senpere, o algunas poblaciones guipuzcoanas de las alcaldías mayores de Aiztondo, Sayaz y Areria, que, tras acuerdos y negociaciones, compraron las varas de justicia en 1659 a las casas de Oñaz-Loiola, Idiakez y Lazkano. En el señorío de Bizkaia, a comienzos del siglo XVI, los vecinos de algunas poblaciones entablaron pleitos contra los patronos de algunas iglesias parroquiales, como ocurrió con los de Deustu contra Juan Alonso de Mújica y Butrón, que demandaba los diezmos de la iglesia de San Pedro, o los de Begoña, que pleitearon contra su patrono Juan de Escoriaza por pretender ocupar un lugar destacado en la Iglesia junto al sagrario durante las ceremonias litúrgicas. También conocemos el cabreo de algunos pueblos guipuzcoanos como Andoain o Tolosa, cuyos vecinos rompieron las tumbas y asientos de los patronos. Asimismo, la provincia de Gipuzkoa instruiría procesos contra los Parientes Mayores en tres ocasiones (1477, 1516 y 1624). El de 1624 se originó a raíz de la reunión en Junta de cinco descendientes de parientes en Villabona con el propósito, según las declaraciones de los congregados, de organizarse para la guerra contra los franceses. Las Juntas Generales de Gipuzkoa, seguramente temerosas del resurgimiento belicoso de los banderizos, dudó de la versión y sometió a los confabulados a una pesquisa e interrogatorio. En él lograron que los asociados declarasen que la nobleza de los Parientes Mayores no tenía mayor rango y alcurnia que la ostentada por el resto de los moradores originarios de la provincia.

Sin embargo, como tendremos ocasión de comprobar, a veces la cólera se desbordaba y estallaba en revueltas y rebeliones e incluso en guerra civil, aunque nunca llegaba a revolución.

La actuación de la monarquía en el estado moderno se centró en cuatro ámbitos: las medidas administrativas uniformadoras, los impuestos progresivos, las exigencias militares y la venta de cargos públicos. No solo se enajenaban los cargos existentes, sino también se creaban otros nuevos con el fin de venderlos a particulares, que incluso los revendían. En 1696 Lapurdi pagaría 400 libras para librarse del jurado recaudador de bienes muebles y antes, en 1641, los labortanos pagarían al rey 17.500 libras para evitar la venta de las tierras realengas. A comienzos del siglo XVII la corona castellana, endeudada hasta las orejas, propició la separación de lugares y aldeas de sus respectivas jurisdicciones mediante el pago de una suma no despreciable. Así lo hicieron Antzuola, de Bergara; Alegia, de Tolosa; Legazpia, de Segura y, ya en el siglo XVIII, Irun, de Hondarribia.

La articulación de los mercados estatales incidió negativamente en las economías familiares autosuficientes y en las comunidades aldeanas regidas por la economía moral tradicional que sometía al mundo campesino a un orden rígido, pero también más equilibrado, cohesionado y amparador. El nuevo orden provocaría desajustes y resistencias derivadas de las leyes del mercado –cuya única meta es el lucro y beneficio para unos pocos–, de la privatización y/o usurpación de los comunales (este es el caso del motín de rozaduras en Hernani), del endeudamiento de los municipios y particulares, de la pérdida de la condición de propietarios y su conversión en arrendatarios o braceros, del choque de intereses intravecinales (ganaderos-labradores, pescadores-campesinos, propietarios-arrendatarios, vecinos-moradores etc.) y, en suma, de la creciente proletarización generalizada.

2.
El variado paisaje de la protesta: las revueltas de los siglos XVI y XVII

AUNQUE, COMO HEMOS SEÑALADO, en la eclosión tormentosa de la violencia influía un coloreado abanico de factores, en la pantalla gestadora de las revueltas se adelantaba siempre alguno o algunos como más incisivos sobre el conjunto. En el transcurso de la algarada, sobre estos elementos iniciales cabalgarían otros que harían más complejo el análisis de la coyuntura conflictiva. Por ello, creemos que metodológicamente es factible diferenciar tres tipos de conflictos: antiseñoriales, predominantes en el siglo XVI, antifiscales, más abundantes en el XVII, y sociopolíticos, hegemónicos en el XVIII.

No incluimos el malestar y los descontentos menores suscitados con motivo de los sistemas concejiles de recaudación ordinarios y/o extraordinarios, muchos de ellos derivados de las exigencias de la corona, tal y como aconteció en Donostia intramuros y en núcleos englobados bajo su jurisdicción. El historiador Iago Irixoa constató protestas en 1498, en Pasai San Pedro, en 1514 en Hernani y en 1514 y 1529 en Andoain y Urnieta. Dentro de la propia ciudad las hubo en 1492, 1501, 1504, 1513 y 1516. (Bol. E.H.S.S., 2008-2009, pp. 9-54).

Sin ánimo de exhaustividad, daremos un repaso a las más representativas siguiendo una línea cronológica.

La revuelta comunera (1520-21)

Existe divergencia entre los historiadores en cuanto a la calificación de esta sublevación en el reino de Castilla. Unos se inclinan por el apelativo de revuelta y otros la aúpan a revolución, debido a la intención de cambiar el sistema político por parte de una facción de los sublevados.

Tuvo su epicentro en Castilla; pero algunas derivaciones también se dejaron sentir en los diferentes territorios vascos.

En Nafarroa se aprovecharía la inmejorable tesitura para intentar una nueva recuperación del reino, ocupado ocho años antes, tras la fallida tentativa de 1516. Los navarros penetraron desde norte por Roncesvalles y rindieron inmediatamente Iruñea. Una vez reconquistado y controlado el reino, el señor de Foix se empeñó en cercar a Logroño y el ejército navarro se vio obligado a retirarse. La derrota de Noain el 30 de junio de 1521 frustraría definitivamente el intento. Con ello continuaría la represión, con las inevitables secuelas sociales típicas de la guerra y, en este caso, de la anexión tras la conquista.

En Bizkaia y Araba la revuelta se entrelazó con la proyección de las luchas banderizas bajomedievales en su fase final. En el segundo caso la rebelión procomunera del conde de Salvatierra es un fiel reflejo del crónico y rancio enfrentamiento entre los Ayala y los Velasco por el control de las instituciones alavesas, en particular de la Hermandad.

En Gipuzkoa la tesitura devino más compleja en virtud de la interferencia de contrastados y antinómicos intereses en juego. El origen próximo del malestar cabría situarlo en el nombramiento del corregidor, Cristóbal Vázquez de Acuña, en clara contravención de la normativa foral al respecto. Inmediatamente, la provincia se dividió en dos bloques: uno, encabezado por Donostia, aglutinador de casi todas las villas mercantiles de la costa, se mostró procarolino y parecía defender los intereses comerciales en la ruta flamenca, avalados por el acatamiento al rey. El otro, capitaneado por Tolosa con junta en Hernani, representaba los intereses económicos agropecuarios del interior y se decantaba filocomunero y más foralista. En la adscripción a los dos bandos, sin embargo, no estaría demás advertir que, en algunos casos, como en Errenteria y Oiartzun, intervinieron rivalidades y desavenencias tradicionales entre ambas poblaciones. Por otro lado, los contactos del grupo tolosarra con las comunidades castellanas se iniciaron en fecha relativamente tardía. En la Junta de Azkoitia, celebrada el 24 de noviembre de 1520, se leyeron cartas de la Junta comunera de Tordesillas traídas por el comisionado guipuzcoano, Nicolás de Insausti. Da la sensación de que el bloque interior tenía sus propios motivos para la revuelta y solamente entablaron relaciones con las comunidades meseteñas buscando un apoyo táctico. El enfrentamiento causaría no poca destrucción; pero la invasión francesa de Hondarribia y la guerra de conquista de Nafarroa forzarían la liquidación del conflicto guipuzcoano.

Según las últimas investigaciones del historiador Iago Irixoa, que ha dedicado una importante monografía al tema (Donostia, 2006), podemos deducir algunas reflexiones clarificadoras, extraídas de las conclusiones de su libro:

El conflicto guipuzcoano es de diferente naturaleza al comunero castellano, por su propia dinámica, que se establece como una discusión entre los representantes de las diferentes villas privilegiadas, por la escasa, por no decir nula implicación de aldeas, universidades y Parientes Mayores en él y por las escasas consecuencias personales y concejiles dentro del grupo que se opuso al nombramiento del corregidor Cristóbal Vázquez de Acuña. Muchos de ellos gozaban de mercedes y acostamientos por diversos servicios prestados a la corona, tanto en tiempos de Fernando el Católico, como en los reinados de doña Juana, la regencia del cardenal Cisneros y de Carlos I; y la gran mayoría los seguirán gozando en años posteriores. Por tanto, la hipótesis de falta de conexión, en cuanto a programa político, entre Gipuzkoa y los comuneros parece clara.

No se debería, sin embargo, esconder que el problema recogía en su factor inicial una serie de cuestiones en torno al corregimiento, que además de repetirse durante años anteriores en la provincia, se veían insertas en ciertas peticiones comuneras, aunque de carácter secundario. Pero el contexto conflictivo que se estaba planteando en Castilla tuvo una incidencia fundamental en el desarrollo del problema guipuzcoano para que este alcanzara la tensión y violencia que desató.

El conflicto guipuzcoano no hubiera sido posible sin una dinámica interior llena de tensiones. Los debates junteros creados en torno al sistema fogueral, el pleito mantenido con los Parientes Mayores, además de la dinámica de diversos núcleos como Irun, Hondarribia, Oiartzun y Errenteria –sin olvidar otros como Azkoitia y Bergara–, propiciaron una gran inestabilidad política. A ello habría que añadir la propia característica de los diversos protagonistas, miembros algunos de importantes familias, con acostamientos recibidos por sus servicios a la monarquía y bien conocidos en sus ámbitos, influyentes en ellos y que podían arrastrar a parte de la población. Parece claro, por tanto, que existían una serie de condicionantes que podían complicar la situación guipuzcoana y provocar un cariz violento, tal como sucedió.

Por mi parte añado una constatación histórica. Muchos guipuzcoanos, también alaveses, como han demostrado Estibaliz González y Tarsicio de Azcona, lucharon en el bando castellano en la conquista de Nafarroa. Ello revela la cuña social que se introduce siempre que una actitud imperialista cala en una sociedad y en un país dependientes mediante la concesión de prebendas, acostamientos y otros métodos más sutiles. Entre los guipuzcoanos procastellanos destacaría Ignacio de Loyola, herido en Iruñea en mayo de 1521, fundador de la Compañía de Jesús, quien intervendría como intermediador en el conflicto comunero en Gipuzkoa por voluntad de su valedor, Antonio Manrique de Lara, II duque de Nájera y virrey de Nafarroa.

La dimensión social conflictiva de la conquista de Nafarroa

En la conquista del reino de Nafarroa existe también una relevante dimensión social que podemos diseccionar en varios componentes.

Como en todo proceso de conquista y anexión por parte de un poder imperial se produce una división interna. Siempre emerge una facción social, perteneciente a la clase predominante, aunque no solamente a ella, que, subyugada por los cantos de la sirena imperial, se adhiere a la causa del conquistador con el fin de posteriormente gozar de los privilegios de la conquista. En el reino de Nafarroa existían dos facciones, agramonteses y beamonteses, que luchaban por el poder, representando intereses contrapuestos. El astuto rey católico fomentó esa división interna, basándose en la experiencia exitosa de Granada. Se sirvió preferentemente de los beamonteses, aunque, si favorecía sus intereses, no dudó en apoyar a los agramonteses en alguna ocasión. A la hora de la conquista los beamonteses lucharon a su favor. Conviene advertir que, cuando un bando interno de cualquier país se pliega a los intereses de una potencia externa, es una prueba fehaciente de que está en marcha un proceso de colonización.

La guerra, como todas, produjo destrucción, muertes y exilios, influyendo, por tanto, en la evolución demográfica del reino. Además, el ejército castellano, como ya había hecho en la guerra de Granada, saqueó poblaciones, taló bosques e incendió cosechas. Los mayores perjudicados por tales actos fueron los campesinos y labradores.

La represión posterior: cárcel, multas, ajusticiamientos, exilio, etc., no solo afectaría a las élites más recalcitrantes en el mantenimiento de sus posicionamientos pronavarristas, sino también a miembros del común de los mortales.

La guerra introdujo una cuña divisoria en el cuerpo social vasco, cuya herida supuraría largo tiempo y permanecería en el subconsciente colectivo (me atrevo a decir hasta la actualidad). En la guerra un numeroso contingente de alaveses y guipuzcoanos ayudó a las tropas castellanas en la conquista, además de que los territorios alavés y guipuzcoano fueron importantes enclaves estratégicos en las acciones bélicas.

El sagaz rey Fernando, conocido en Nafarroa como «el falsario», creó un aparato mediático, que justificaría la conquista, mediante ideólogos paniaguados, turiferarios y magistrales manejadores del incensario al poder real, apagando o arrinconando a los pocos que no estaban de acuerdo con esta versión, imposibilitados de contrarrestarla ante la magnitud del aparato propagandístico castellano. Sobresalieron en esta tarea con luz propia Luis Correa, Palacios Rubios y Antonio de Nebrija.

Finalmente, como señala Mikel Sorauren (pp. 168- 176), tras la conquista, en la sociedad navarra, como ha acontecido en procesos similares, una facción de la nobleza se convertiría en colaboracionista para gozar de las miles de prebendas, aunque ese colaboracionismo se encontrase mediatizado por el sometimiento a España y la aparente colaboración fuese el resultado de la oportunidad. Pero también otro grupo mostraría una continuada resistencia, que adoptaría diversas formas: rechazo social a los funcionarios españoles y oposición matizada por parte de las instituciones representativas. La desconfianza de los castellanos hacia los navarros llevó a la prohibición de que estos pudieran servir en la artillería y la misma construcción de las murallas de Iruñea manifiesta no solo que se hizo como plaza fuerte defensiva frente a Francia, sino también como protección ante los propios navarros.

El profesor E. Belenguer (1999, pp. 39-40) resume con forzada precisión el cuadro de esta guisa.

> No tenía suerte el reino de Navarra. Convertido en una especie de Estado tapón entre Francia, Castilla y la Corona de Aragón fue víctima de una encrucijada de caminos que lo atravesaban. Por si faltara poco, salvo el largo paréntesis fructífero de Carlos III el Noble (1387-1425), la mayor parte de sus reyes parecían mirar hacia fuera, hacia otros territorios de los que dependían o a los que añoraban antes que preocuparse por el bienestar de su pueblo, de sus fueros, de sus cortes: en suma, de una gobernabilidad centrada en el trono sobre el que se sentaban. Si así lo hubieran hecho, habrían entendido que la estabilidad de Navarra pasaba por mantener abiertos al noroeste y al sureste los caminos comerciales por los que debían salir sus productos: los laneros de la montaña ganadera, vía el País Vasco y la ruta atlántica del Cantábrico, y los agrarios de la llanura y la ribera, vía el Ebro hacia el populoso Mediterráneo. Además, para acabarlo de arreglar, con el tiempo ambas zonas –no necesariamente antagónicas pero sí con puntos de vista distintos– encontraron cabezas de bandos, más o menos feudales, en los beamonteses y agramonteses.

El profesor José Luis Orella Unzué, gran conocedor e investigador, apostilla:

> La conquista militar de Navarra por los ejércitos de Castilla y Aragón (1512) y su anexión a Castilla (1515) fue un hecho trascendental que, si de momento no supuso la privación de independencia para el reino navarro, sí que modificó su trayectoria histórica, dividiendo al reino en dos porciones, que conservaron ambas a dos la soberanía real y que se denominaron reino de Navarra incorporado a España y reino de Navarra más tarde incorporado a Francia.

Conviene recordar que, pese al control ejercido por el rey católico, Navarra era un reino independiente, ni francés, ni castellano, ni aragonés, con su nacionalidad propia, con sus partidos políticos, con sus lenguas nacionales.

Pero ni Francia ni Castilla podían permitir que el reino de Navarra fuese independiente y que quisiera jugar un papel de neutralidad en las guerras civiles y religiosas del momento (p. 402).

Para este acontecimiento son recomendables el primer tomo de *Historia del Pueblo Vasco en la Edad Antigua y Media* (pp. 369-409), cuyo autor es el profesor José Luis Orella Unzué, y las obras de Pedro Esarte y Peio Monteano, citadas en la bibliografía.

El levantamiento de Oñati (1538)

Un grupo de oñatiarras, con su regimiento a la cabeza, derribaron ese año la horca en la que el señor de Oñati aplicaba justicia, y levantaron otra a costa de la villa. El Consejo Real dictó varias penas de destierro y multas, siendo el más castigado el alcalde, que sufrió vergüenza pública en la picota y la inhabilitación para ocupar cargos. La horca regresaría a su emplazamiento primitivo; pero el conde de Oñati en 1602 decidió trasladarla a la plaza del pueblo, hecho que fue considerado por el pueblo como «una injuria». Tras otro inevitable y largo pleito la horca retornaría nuevamente a su lugar primigenio, en Jaumendi.

El alzamiento de Larraga (1592)

En 1592 el pueblo de Larraga se dispuso demoler el rollo o picota, columna de piedra, símbolo generalmente de la autoridad señorial, en este caso del condestable del reino, que servía para exponer públicamente a los reos o para realizar las ejecuciones. El motivo era facilitar el paso de las carrozas del rey Felipe II y de su comitiva por las estrechas calles de Larraga a raíz de la regia visita al reino de Nafarroa en el mencionado año. Pero los vecinos se opusieron posteriormente a la reedificación de la picota. El condestable apeló a los tribunales y consiguió que fueran enviados a Larraga un alguacil y un letrado para efectuar las oportunas investigaciones. La noticia de la presencia de los comisionados provocó un sonado tumulto, que alcanzó un tono áspero y sedicioso ante los insultos del alguacil a los vecinos, calificándolos de «pecheros». Solamente se calmarían los ánimos cuando el vicario ordenó el desarme y detención del arriscado alguacil. Sin embargo, más tarde los principales protagonistas de la algarada serían castigados con severas penas: galeras y multas.

La brujería: ¿resistencia pasiva?

La brujería respondía a cánones de comportamiento popular, rural, semipaganizante y euskaldun, que no cuadraban con los nuevos parámetros culturales oficiales, urbanos, elitistas, uniformizadores y católicamente reafirmadores, que se están imponiendo desde las nuevas esferas y centros de difusión cultural: las ciudades. Representa un modo de resistencia popular pasiva de las zonas más rurales y euskaldunes frente a la progresiva imposición de parámetros culturales ajenos a su mundo. Sin descartar en este tema, por supuesto, que su persecución se debiera también a factores políticos, inmersos en la política uniformista frente a la persistencia de las singularidades periféricas, con culturas propias, que asumían las «supuestas brujas». Es llamativo a este respecto que los últimos reductos brujeriles se ubicasen en Euskal Herria, Galicia y Cataluña. Este aspecto ha sido acertadamente señalado por el historiador Bennassar.

La ferviente aparición en escena del tema brujeril coincidió con la ofensiva urbana en el siglo xv. En 1500 se recrudece con el proceso de las brujas de Anboto, que algunos han relacionado con los movimientos «iluministas» de los herejes de Durango, ocurridos hacia 1442-45.

En 1507 la Inquisición no dudó en quemar a más de 30 brujas en el país. En 1510, Martín de Arlés, canónigo de Iruñea, se hacía eco de esta insistente realidad y escribió su obra titulada *Tractatus De Superstitionibus.* En 1527, en la montaña navarra, época posterior a la conquista del Reino, fueron acusadas de brujería más de 150 personas y por las mismas fechas Carlos v encomendó a Fray Juan de Zumarraga en Bizkaia el oficio de inquisidor, que ejerció «con mucha rectitud y madurez...», «... para que (pues era vizcaíno y sabía la lengua de aquella tierra) fuese a castigar y enmendar el abuso de las brujas que en Vizcaya se levantaban...». En 1530 las Juntas Generales de Gipuzkoa nombrarán una comisión para estudiar el modo de perseguir la abundancia de brujas. En 1538 asomó un nuevo brote en Nafarroa. En 1555 se remitió a Logroño un memorial realizado en los pueblos de Gipuzkoa, que reclamaban la persecución de ciertas brujas y por los mismos años se abrió un proceso contra 21 encausados en Zeberio (Bizkaia). En 1575 serían condenadas por este delito 40 personas en Lapurdi y en 1595 los representantes de la villa de Tolosa en las Juntas Generales de Gipuzkoa expusieron «que en sus distritos había brujos y brujas en abundancia peligrosa y que se debía pedir en consecuencia intervención al Santo Oficio de Logroño».

A comienzos del siglo XVII el problema se agudizó con los sucesos de Zugarramurdi y el subsiguiente proceso de Logroño en 1609, sin olvidar la obsesiva y cruel actuación del misógino Pierre de Lancre en Lapurdi, que ordenó la ejecución de cerca de 80 personas, principalmente mujeres, también niños y sacerdotes, acusadas de brujería. El inicio de este proceso en Lapurdi parece que tuvo su origen en la lucha mantenida entre distintos señores locales. Solo fue retirado Pierre de Lancre de sus funciones y liberados los acusados supervivientes de las torturas y condiciones del cautiverio ante el amotinamiento de los marineros regresados de la campaña de Terranova al conocer estos la caza de brujas realizada en su ausencia.

En la represión de este fenómeno quizá no importó tanto la defensa de la ortodoxia católica frente a una concepción de la sociedad que pretendía cerrar el paso a las resistencias del mundo gentilicio rural. El mito de la bruja y el akelarre como marginales y cerrilmente inasimilables fue creado desde los nuevos centros de poder urbano y uniformador para destruir comportamientos resistentes y potencialmente peligrosos.

En suma, el tema de la brujería todavía mantiene una innegable sugestión cautivadora, porque en él se entremezclan lo histórico y lo esotérico, el realismo y la utopía, la opresión y el vuelo liberador, la marginación y el mito, la energía fálica y la represión asexuada, la intolerancia inquisidora y el diálogo emancipador, la potencia demoníaca y el principio soteriológico, la violencia institucional y la respuesta opositora, la autoridad represiva y la resistencia pasiva popular y la oposición periférica frente la homogeneización centrípeta. La brujería sería, en definitiva, un fenómeno social de resistencia pasiva frente a la pretensión de imponer un modelo urbano, foráneo y uniformista a un mundo rural, popular y euskaldun.

Las algaradas de los «Fivatiers» en Lapurdi (1635)

A comienzos del siglo XVII, sobre todo a partir de 1635, en Lapurdi los «fivatiers» se negaron a pagar las rentas señoriales, mientras no se les mostrasen los títulos nobiliarios, en gran parte perdidos o quemados en el siglo XVI con motivo de las incursiones españolas. Los fivatiers (del occitano *fieu* y el franco *fëhu*, «ganado», «posesión», «propiedad») eran, según Veyrin, colonos establecidos en parcelas de posesión roturadas por ellos y por las que, en virtud de un contrato privado sin que esto supusiera alguna servidumbre, pagaban un censo. La nobleza labortana acudió al Parlamento de Burdeos para que respaldase sus derechos tradicionales. Pero los «fivatiers» labortanos seguirían utilizando la vía de la fuerza, ya que en 1637 los vasallos demolieron el castillo del barón de Ezpeleta. En otras ocasiones usaron métodos más pacíficos como en el ya citado caso de Senpere con la construcción del molino de Ibarron, donde todavía persiste la inscripción de 1662: «Hau da errota Senpereco herriac eraguinaracia» (este es el molino que ha hecho construir el pueblo de Senpere).

Las conmociones antiseñoriales en Nafarroa (1624, 1627 y 1675)

La exacerbación antiseñorial de Larraga a finales del siglo XVI no fue un caso aislado. Las tensiones, que enfrentaban a las comunidades vasallas con sus respectivos señores, laicos y sobre todo eclesiásticos, a causa del cobro de pechas y derechos duramente exigidos, coloreaban las diferentes comarcas que adornaban el viejo reino. Los habitantes de Muru-Astrain (cendea de Zizur) y Elkarte (Berrioplano) sostuvieron interminables disputas con los monjes del aparentemente apacible monasterio de Irantzu a lo largo de los siglos XVI y XVII.

Ruidosos fueron los altercados producidos entre la comunidad de Leire y las localidades de Urraulgoiti, Esa e Irunberri. La tensión llegó a un clímax de suma beligerancia cuando los vecinos de esta última población invadieron las dependencias monasteriales en 1624.

Las tiranteces entre los vecinos de Fitero y la iglesia abacial de Santa María se dilataron con largueza temporal y estallaron con la plenitud vindicativa de la ira popular en 1627 y 1675. La mencionada iglesia poseía desde el siglo XII ciertos derechos señoriales sobre los vecinos. Estos se habían organizado concejilmente mediante las correspondientes ordenanzas, aprobadas en 1524, aunque persistía su dependencia señorial respecto a los monjes, y mantenían un tenaz contencioso en relación a la justicia civil y criminal, los derechos de caza y pesca y otras pechas. Los fiteranos utilizaron los más variados medios para escapar a la jurisdicción frailuna: compra de los derechos, litigios en los tribunales e incluso el traslado a nuevas poblaciones realengas. Las sentencias de 1548 y 1652 coronarían parcialmente sus esfuerzos. Mas estos fueron rápidamente contrarrestados por otros dictámenes favorables a las pretensiones monasteriales en 1565, 1652, 1662 y 1664. Este contexto de pugna continuada, malestar creciente y frustraciones periódicas explica los estallidos violentos de 1627 y 1675.

El tumulto de 1627 eclosionó a raíz de un incidente concreto y para nuestra mentalidad actual fútil e insulso, pero no así para los encorajinados fiteranos de la época, que vieron colmado el vaso de su diferida paciencia. El abad había ordenado encarcelar a unos vecinos que se habían negado a llamarle «señor». La indignada comunidad vecinal respondió con una asonada en toda regla y obligaron a los monjes a refugiarse en sagrado para no sufrir las consecuencias de la cólera popular. El asunto se zanjaría mediante una concordia en 1630, que permitía a los vecinos comprar la jurisdicción. Mas el tema no quedaría definitivamente zanjado y la conmoción emergería cuarenta y cinco años más tarde.

En 1670 los frailes rescatarían la jurisdicción mediante el pago de 8.000 ducados. Esta desagradable noticia y la pérdida del pleito en 1675 exasperó de tal modo los ánimos que los fiteranos determinaron conquistar por la fuerza lo que no habían conseguido por la vía judicial y por dinero. Unas 300 personas, armadas con palos y aperos de labranza, tras un espontáneo abanderado que portaba curiosamente una bandera roja, penetraron desaforadamente en el monasterio en busca del abad y del procurador, saqueando, de paso, todo lo que encontraban. Los frailes, presas del pánico, se refugiaron como pudieron o huyeron campo a través hasta Cintruénigo. Muchos de ellos resultaron heridos o fueron golpeados. El descubrimiento del abad, que se había escondido en la torre, calmó los enfurecidos ánimos tras haberle obligado a firmar un documento, ratificado también por otros frailes, en el que la abadía renunciaba a la jurisdicción sobre Fitero y al ejercicio de cualquier tipo de represalia contra los amotinados. Sin embargo, después del disturbio no se respetarían las cláusulas del forzado pacto. Se incoaría un proceso contra 115 presuntos rebeldes, incluido el alcalde. Las sentencias fueron duras: veinte penas de muerte, once de galeras y abundantes multas pecuniarias. En 1677 un indulto obtenía el perdón para los encausados, pero a cambio de que el pueblo suministrase una fuerza militar de sesenta hombres que fuese a Cataluña con el fin de combatir contra los franceses bajo las órdenes de don Juan de Austria, regio personaje, hermano bastardo del rey Carlos II, el último Austria hispano, conocido como «El Hechizado».

La «liga de los agavillados» en Bilbo (1607)

En diciembre de 1607 fueron procesados en Bilbo quince oficiales que habían sido denunciados por el síndico procurador de la villa bajo la acusación de «agavillarse», es decir hacer «gavilla» o cuadrilla, y reunirse en «ligas, conventículos y confederaciones» con el ánimo de «introducir novedades, causar alborotos y perturbar la paz común». Los encausados trabajaban en una variada nómina de oficios: sastres, pintores, hacheros, pasamaneros, cordeleros, bordadores, barberos, zapateros y carpinteros. Realizaban, por tanto, actividades urbanas, se encontraban en el segundo escalón gremial, su edad media era de 35 años y revelaban una conciencia de grupo que en el motín de 1631 será mayoritariamente asumida. La pretensión de estos agavillados consistía en retornar a un régimen tradicional de gobierno municipal más abierto y democrático en el que «ellos hubiesen de ser admitidos en las elecciones de alcaldes y regidores».

Es un hecho probado la creciente oligarquización municipal o ascenso al poder de una minoría y la progresiva pérdida de importancia del concejo abierto durante el siglo XVI. Una élite urbana controlaba los resortes del poder y se mostraba reacia a cualquier «novedad», que desbancase su predominio. En la denuncia del síndico se dejaba bien sentado que en la villa de Bilbao el regimiento ordinario estaba formado por el alcalde, doce regidores, procurador general y un escribano fiel, elegidos cada año «entre la gente más principal y noble de la villa». Es frecuente el error de considerar que lo antiguo es menos democrático y progresista que lo más moderno. Y siempre no es así. El concejo medieval, cuyo levantador de actas se llamaba fiel, pues debía tomar nota con fidelidad de los debates y acuerdos sostenidos por el común de los vecinos concejantes, era más abierto que el ayuntamiento de la Edad Moderna, más cerrado, menos transparente y restringido a una minoría oligárquica, el alcalde y unos cuantos regidores o jurados, cuyo oficial levantador de actas se llamaba secretario, precisamente porque tenía la obligación de guardar secreto de lo tratado.

Las aspiraciones de este movimiento urbano bilbaíno, descabezado por los poderes municipales dominantes, aflorarán con más vigor en el motín del estanco de la sal.

El motín de la sal (1634)

El contexto estructural que cobijó este motín se caracterizaba, según el profesor Urrutikoetxea, por dos notas esenciales.

Por un lado, en el plano económico estaba inserto en un «tiempo largo» de fuerte depresión económica que abarcaba a la totalidad de la corona de Castilla, pero con rigor más extremado a la cornisa cantábrica, aunque algunos estudios recientes (de Álvaro Aragón, p. e.) matizan esta afirmación respecto a Gipuzkoa rebajando la intensidad. La crisis, cuyos inicios se sitúan en torno a 1575-86, se agudiza a partir de 1627 como consecuencia del fracaso de la política de «reformación» y «reputación» efectuada por el todopoderoso y mostachero conde-duque de Olivares, tan bien retratado por Velázquez en su pose de extremada ambición de poder. Las provincias vascas, llamadas «exentas», no escaparían, a pesar del fuero y de las exenciones fiscales, a la creciente presión tributaria protagonizada por la insaciabilidad de la Hacienda regia para mantener y preservar incólume la aventura imperialista en Europa.

Por otro lado, en el campo político no conviene olvidar el asalto y control gradual de las Juntas por parte de la aristocracia agraria y la elitización progresiva de los gobiernos municipales a cargo de una oligarquía de notables, cuyo aldabonazo despertador ya había resonado con motivo del alboroto agavillado en 1607.

En el precedente coyuntural o «tiempo corto» actuó una fértil magnitud de variables interdependientes en todos los niveles de la vida vasca.

En el ámbito económico era constatable un claro proceso de recesión a lo largo del primer tercio del siglo XVII. El país aún no había encontrado la vía de la ruralización que le hubiera permitido hacer frente al reto de la población incrementada con unas mínimas garantías. El informe de un contemporáneo, Irazagorria, reconocía la marcha de marineros vizcaínos a Lapurdi para embarcarse en las naves de San Juan de Luz a causa de la miseria de los tiempos: «... haze lástima ber quál estan los pueblos marítimos que solian estar llenos de gente, despoblados de marineros [...] y como ellos dizen desamparando sus casas pasarán los que oy ay á S. Juan de Luz en Francia, donde los pobres podrán vivir con mas comodidad con los viajes a Terranoba, que aun este año sólo de Lequeitio, que es uno de los puertos de Vizcaya, me dizen que fueron en navíos de Bascos (labortanos) mas de setenta marineros».

La política fiscal de la corona, inmersa en la vorágine imperialista de la recuperación y preservación del prestigio exterior, agravó el problema y abortó las limitadas posibilidades de superación de la crisis. En 1616 se crearon nuevos cargos, cuyo mantenimiento debían sufragarlo las clases populares. En los años precedentes al estallido «emocional» se habían multiplicado los «pedidos» (peticiones de numerario) por parte de la corona al Señorío de Vizcaya para ayudar a los crecientes gastos, que imponía la política exterior imperialista. En 1629, concretamente, estableció la imposición de nuevos arbitrios, que recargaban el consumo y la actividad comercial, para responder a las peticiones regias. Estos arbitrios serían sustituidos al año siguiente por un eufemísticamente llamado «donativo», cuando en realidad era un «repartimiento» obligatorio, proporcional a la capacidad tributaria cada uno de los pueblos. En 1630 se establecerían nuevos impuestos sobre el tráfico de la lana. La desfachatez se consumó durante el transcurso del mismo año del motín. En febrero de 1634 el juez mayor de Bizkaia, don Alfonso Enríquez, con una inaudita falta de tacto o de conciencia de la conflictiva situación, aprobaba un nuevo repartimiento doble. Es evidente, por tanto, que la corona, respetando en teoría los derechos forales, sabía aprovechar los agujeros legales para imponer su política fiscal a través de la complicidad de los grupos elitistas del señorío, aunque el pueblo no opinase de la misma manera y fuese, en definitiva, la verdadera y final víctima de los desaguisados.

Las fluctuaciones monetarias, especialmente la devaluación de la moneda de vellón en 1629, no ayudaron a rebajar la tensión social, sino más bien a incitarla, al producirse un incremento del coste de los alimentos básicos, la subsecuente reducción del poder adquisitivo y la paralización de la producción ferretera y del comercio. La creación del cargo de «veedor» (inspector con carácter fiscalizador) del comercio aumentará el control sobre dicha actividad, colaborando a dificultar el tráfico mercantil.

En la esfera socio-política se asistía a una dinámica de elitización de la representatividad política en el señorío y a una progresiva restricción del acceso de las masas forales a los órganos forales. En 1613 se prohibió el acceso al cargo de procurador en juntas a todo aquel castellano, norma que, dado el nivel de alfabetización y conocimiento de la lengua cervantina en el territorio vizcaíno, restringía drásticamente la posibilidad del logro de la procuraduría juntera. Al mismo tiempo los concejos sufrirán un paulatino control por parte de la aristocracia agraria. Los capítulos reivindicativos de los amotinados contemplarían expresamente la necesidad de potenciar la actividad comercial y manifestarían el antagonismo de intereses respecto a la política oficial del señorío, presionada por las oligarquías agrarias.

La defensa del marco jurídico foral fue también en estos años una referencia constante. Las clases populares en general, como ocurriría sobre todo durante la transición del Antiguo Régimen y en el contexto precedente a las Carlistadas, consideraban los fueros, no solo como su constitución consuetudinaria, sino también como la garantía de una tradición y mantenimiento de la «economía moral». En aparente y sarcástica paradoja, las «transgresiones legales» de este marco foral se convirtieron en procedimiento habitual a través de medidas que, sin duda, merecían calificarse como «contrafuero»: impuestos, venalidad (compra-venta) de cargos y creación de algunos nuevos, etc. Similares aspiraciones a las que señalaba el ilustre escritor castellano del Siglo de Oro, Quevedo, en relación a la sublevación catalana de 1640, podrían afirmarse respecto a los amotinados vascos. La defensa del «huevo», léase la razón económica, no descartaba tampoco el respeto al «fuero», o norma privativa jurídico-política.

El detonante o precipitante puntual que arrimó la cerilla al polvorín de la tensión y provocó la explosión conflictiva fue un acontecimiento concreto. En enero de 1631, la Junta General del Señorío aprueba un nuevo servicio de hombres-soldados a la corona y el «estanco de la sal». Este último suponía un impuesto de 25 reales por fanega de sal importada, lo que implicaba un aumento del precio superior al 40 %. Además de la contravención jurídica del Fuero, al ser un tributo indirecto, suponía un gravamen nefasto para los campesinos, pescadores y artesanos.

No debería olvidarse que la sal era un producto imprescindible para la salazón de pescado (bacalao, besugo, sardina, merluza y otros) y carne (tocino, jamón y cecina) y, por tanto, afectaba directamente a los productores, comercializadores salazoneros y consumidores en general, con especial incidencia entre el elemento rural. Ello explica y justifica plenamente la mayoritaria presencia de campesinos, pescadores y marineros en los acontecimientos más relevantes del motín. El extenso relato manuscrito de la Biblioteca Nacional de Madrid titulado *Relación de lo sucedido en los alborotos e inquietudes que algunos particulares causaron en el Señorío de Vizcaya desde el 24 de Septiembre del pasado año hasta el 24 de Mayo de 1634* es también muy explícito al respecto.

Los sucesos de la rebelión ocurrieron entre septiembre de 1631 y mayo de 1634, aunque el descontento inmediato ya procedía de la Real Orden del estanco de la sal promulgada en enero de 1631, en evidente contra-fuero, a pesar del pase foral o beneplácito concedido por las autoridades vizcaínas. El malestar, que se venía incubando desde los albores del año 31 a causa de la Real Orden, estalló de forma violenta con motivo de la celebración de la Junta General del Señorío so el árbol de Gernika el 24 de septiembre, donde el manuscrito citado refiere que «el tumulto popular no dio lugar a que la Junta se hiciese en la forma acostumbrada».

Un elevado número de campesinos, que Sagarminaga cifra en 1.500, procedentes de las anteiglesias vecinas impidió por la fuerza la celebración normal de la junta al invadir materialmente la sala con la intención de disolver la reunión. Los amotinados proferían expresiones y gritos radicales de carácter democrático, antioligárquico y filoforal. Afirmaban que los procuradores junteros reunidos carecían de representatividad, porque ellos eran «toda la república de los junteros y no había necesidad de semejante presentación». Los acusaban de «flojedad e indiferencia» en la defensa de los fueros e incluso de «traydores», añadiendo en tono subido: «todos los de la capa negra, que era mejor matarlos y acabar de una vez con ellos, y que Vizcaya fuese gobernada, por sus Verdaderos y originarios Vizcaynos, los Casseros de las Montañas, que no la benderian como aquellos que alli estaban por sus particulares fines y acrecentamientos...».

Ante la intensidad de la protesta popular, la disposición regia sobre el estanco quedaría en suspenso. Paralelamente, el ayuntamiento bilbaíno, en virtud del cariz de los hechos, y avergonzado por la reivindicación popular de los amilanados concejantes, redactó un memorial, que Labayru transcribe en su *Historia del Señorío*. En él se argumentaba a favor de la exención y del respeto a los fueros, basándose en la «teoría del pacto» con la corona. Aludía a que esta siempre había cumplido el compromiso de respeto a los fueros, excepto de «pocos años a esta parte, en que habían sido ultrajados sin razón ninguna».

El memorial planteaba, además, una serie de exigencias, que transcendían, como puede verse, el marco puntual y concreto del motín:

- Respeto a los fueros, libertades, privilegios y buenos usos y costumbres.
- Libre introducción del ganado y libre comercio del hierro, lana, pescado, grasa etc., apelando a la pobreza del país, los continuos gastos, los servicios de guerra prestados, etc.
- Contrafuero y evidente agravio del estanco de la sal, que conllevaba el encarecimiento de un producto de primera necesidad tanto para los habitantes de la costa como los del interior.
- Exención de cualquier clase de impuestos y freno al aumento de los derechos sobre lanas, paños etc., que se exportaban desde el señorío.
- Jurisdicción propia de los vizcaínos, que estarían exclusivamente sometidos al juez mayor de Bizkaia aunque habitasen en cualquier reino y lugar de la corona.

El tumulto se recrudeció nuevamente en octubre de 1632, precedido de algunos sucesos anteriores.

A comienzos de ese año el juez mayor de Bizkaia, don Alfonso Enríquez, haciendo gala de una absoluta ceguera política y nula visión táctica de la tensa coyuntura, se había mostrado extremadamente celoso en exigir a los pueblos el donativo que debían presentar a su majestad. La reacción no se hizo esperar: unos pasquines alusivos a la extorsión aparecieron inmediatamente en las puertas de su morada.

En agosto, además, un nuevo hecho había acrecentado el hervor reivindicativo: un pedido de marineros al que el señorío no había respondido con la esplendidez y, por ende, la corona solicitó una explicación.

En septiembre sería el teniente de corregidor quien tuvo la feliz idea de reavivar la mortecina llama del malestar popular, asignando a la sal un precio de 25 reales, once de los cuales en calidad de gravamen impositivo.

En virtud de todo ello, la revuelta, protagonizada esta vez por el pueblo de Bilbo, se reanudó en octubre, prolongándose hasta diciembre y produciéndose un hecho luctuoso de suma gravedad: la muerte violenta del procurador de la Audiencia del Corregidor, Domingo de Castañeda.

Labayru no se recata en subrayar los excesos cometidos: derramamiento de sangre, saqueos e incendios, señalando que «el populacho satisfizo algunos resentimientos en personas que se figuraba tenían complicidad con el Corregidor o que no habían hecho lo necesario para impedirlo».

La vuelta del corregidor titular, Lope Morales, a Bilbo el 10 de diciembre de 1632, asumiendo el cargo de alcalde, impuso una tranquilidad momentánea a la villa.

En febrero de 1633 el pueblo retomó la iniciativa alborotadora. Se reprodujo el carácter multitudinario de la Junta General y se determinó enviar a la Corte un comisionado que informase al rey sobre los sucesos y le suplicase el respeto a los fueros. Los amotinados formularon un capitulado de once reivindicaciones, de las que solo una se refiere al estanco de la sal y el resto a política fiscal en general: anulación del nombramiento de agentes y comisionados, oposición a la instauración de nuevos impuestos, exigencia de no cobrar nuevas tasas en Vitoria-Gasteiz y Elgoibar, no gravar el hierro que se exportaba a Castilla con «albalas» (cartas o cédulas de concesión real de alguna merced o de provisión de algo) diferentes a los establecidos por ley, prohibición de la importación de vino de Ribadavia (localidad de la zona del Ribeiro, en Ourense, Galicia), favorecimiento de una política económica que potenciase las relaciones comerciales y pesqueras en contra de las medidas restrictivas con Inglaterra y castigo a Pedro Fernández del Campo y otros quebrantadores de los fueros.

El conde-duque de Olivares, el todopoderoso valido de Felipe IV, decidió emplear una política astuta y ambivalente, intentando salvaguardar los intereses del señorío y los de la autoridad regia. Por un lado, puso en práctica un bloqueo económico que paralizó el comercio vizcaíno y, por otro, intentó cerrar el conflicto sin desdoro de las diferentes partes.

Sin embargo, una tensa calma seguía sobrevolando el ambiente hasta la primavera de 1634. Todavía en febrero de ese año se aprobaba un nuevo repartimiento doble que no ayudaría ciertamente al restablecimiento de la convivencia. Esta se vislumbraría en el mes de abril, cuando el rey accedió a las peticiones del señorío, se comprometió a la observancia de los fueros y suspendió el estanco de la sal.

Paralelamente a esta solución jurídico-legal se utilizaría la vía de la fuerza. El 20 de abril de 1634 entraban en Bilbo las fuerzas reales al mando del guipuzcoano Juan Alonso de Idiáquez, duque de Ciudad Real, enterrado en la iglesia del museo donostiarra de San Telmo, que sería el responsable de la ejecución de los más carismáticos líderes de la revuelta. El 23 de mayo se tomaron medidas para castigar a los cabecillas, prohibiendo la salida de la gente de las casas bajo pena de muerte. Esa noche fueron encarcelados los adalides de la asonada, que serían ejecutados, excepto tres que lograron huir.

Ese mismo año el rey indultaría a los que tomaron parte en el motín, salvo a los extranjeros y doce naturales de Bizkaia, la mayor parte bilbaínos. En 1968, curiosamente en pleno franquismo, se colocaría una lápida en la iglesia bilbaína de San Antón en honor a los ajusticiados por su intervención en el tumulto.

Tras el sucinto relato de los hechos el estudio de la sociología y etiología, esto es, de los protagonistas y del contenido reivindicativo del movimiento proporciona un jugo muy substancioso.

Los protagonistas fundamentales del motín fueron los campesinos, artesanos y marineros, a los que se sumaron comerciantes y algunos clérigos en virtud de un complejo juego de intereses y alianzas. Los campesinos se consideraban los «verdaderos y originarios vizcainos», «casseros de las montañas». Los marineros, artesanos y pescadores reforzaron su protesta. Un grupo destacado de comerciantes extranjeros y locales apoyaron cualitativamente a todos los anteriores y algún eclesiástico suministró también ayuda ideológica legitimadora a los amotinados. La presencia mercantil se dejó notar en el capitulado reivindicativo y en la formulación de la protesta con gran vocerío. Eran los que «trataban de inquietar los animos de la gente, sembrando ciçaña para malear lo general y conmober a todo el pueblo, sin atender a las obligaciones de Vasallos, y a que con los Príncipes y tan soberanos se ha de negociar rogando y suplicando, y con toda humildad y rendimiento, instando con obediencia...».

En el otro bando se alinearon los representantes de la corona, especialmente el grupo de notables rurales detentadores del poder en el señorío, los de la «capa negra», «traydores», contra los que se dirigían con todo rigor las iras populares.

Las formulaciones reivindicativas (etiología) transcurrieron por el tobogán de tres etapas diferenciadas. En un primer momento, los dos primeros años del conflicto, las reivindicaciones se hallaban estrechamente vinculadas con el tema fiscal y, por ende, con la defensa foral como garantía del desarrollo del señorío en base a la relación contractual con la corona o teoría pactista, que se reforzaba con dos argumentos coyunturales adicionales: la pobreza estructural del país y los servicios prestados a la monarquía.

En un segundo momento, la presencia de los comerciantes introdujo en las reivindicaciones nuevos elementos relacionados con sus intereses mercantiles, tales como el libre comercio de hierro y lana, exención o permanencia de las tasas aduaneras tradicionales o la libre introducción del ganado. Pero, al mismo tiempo, se produjo una radicalización de las aspiraciones populares, emergiendo las contradicciones internas de la sociedad vizcaína, sobre todo el enfrentamiento con la oligarquía rural monopolizadora del poder foral y local. Afloró una tensión a tres bandas, en la que tres grupos ponen en juego intereses específicos y contradictorios: la masa popular, la élite rural y los comerciantes. Estos últimos, que en las primeras fases del alboroto apoyaban las formulaciones contestatarias populares, ante la radicalización de estas, mudan de chaqueta, produciéndose un cambio de alianzas.

En una tercera fase los comerciantes optarían por un distanciamiento estratégico, a la vista de que su alianza con los campesinos y marineros podía reportarle más inconvenientes que ventajas, dado que las reivindicaciones de estos estaban directamente conectadas con su carácter de consumidores, lo que devendría en la defensa de una política intervencionista dimanante de la legislación foral, mientras que los comerciantes lógicamente abogaban por una concepción más librecambista que proporcionase más juego a las veleidades del mercado.

En Gipuzkoa el motín adquirió su momento culminante en 1632. En 1631 la monarquía solicitó a la provincia un servicio militar de 400 de infantes para la guerra de Flandes y en 1632 un nuevo donativo monetario, que la provincia intentó negociar, aunque finalmente cumplió con lo solicitado. Por ello pidió al monarca el relevo de la sal. El rey lo concedió y, por tanto, la protesta no alcanzaría ni la magnitud ni la violencia del caso vizcaíno.

En resumen, el motín de la sal, cuyo detonante inmediato y puntual fue el estanco de este producto, un evidente contrafuero, se reveló como una manifestación coyuntural de las contradicciones estructurales, con dos ejes de fuerza, uno político externo: autonomía foral versus intervencionismo regio, y otro socioeconómico interno: los antagonismos y contradicciones de intereses, inherentes a los grupos integrantes de la propia sociedad vizcaína.

Las alteraciones de Baiona (1590, 1641 y 1665)

Baiona, la capital de Lapurdi, destacó por su sensibilidad frente a la presión fiscal y vivió un continuado estado de tensión desde finales del siglo XVI. El protagonista de las asonadas era el «menu people» o pueblo menudo: artesanos, jornaleros y clases populares urbanas en general, como resalta el historiador Porchnev.

En 1590 los tintoreros de la ciudad iniciaron un levantamiento contra la imposición de un tributo sobre las plantas colorantes, principalmente el «pastel», planta para producir el añil o azul e imprescindible para el teñido de los tejidos. El «populacho» o «canalla», como le denominan algunas crónicas de la época, permanentemente inclinadas a apoyar los intereses de las clases dominantes, reunido en la plaza con sus armas, obligó a los recaudadores a renunciar al cobro del impuesto.

La revuelta de 1641 también se halla vinculada a un problema fiscal. El cardenal Richelieu, al acceder al poder, procuró por todos los medios recabar nuevos impuestos para el Estado. Seguiría en este sentido la misma política y por las similares razones que su colega hispano el conde-duque de Olivares, ambos parecidos en sus pretensiones imperialistas e incluso en sus rasgos y ambiciones personales, como ha demostrado un excelente estudio comparativo de los dos personajes a cargo del historiador británico J. Elliott.

Las regiones de Gascuña y Guyena, exentas hasta la fecha, fueron sometidas al régimen impositivo general, que entrañaba un incremento de los impuestos anteriores y el establecimiento de otros nuevos, genéricamente conocidos como «gabela», que gravaban el comercio de la sal y otros artículos de consumo (vino, vinagre, queso, ciruelas, avena, cebada, legumbres, etc.), llegando a suponer un aumento entre el 50 % y el 100 %. El cobro de estos impuestos se confiaba a un arrendatario general, figura inexistente en Gascuña hasta su creación en 1628. El funcionario encargado de recaudar las percepciones toparía con serios impedimentos para cumplir con su labor: la contumaz oposición de la población y la escasa implantación del poder central en la zona.

Tras varios intentos fallidos, el Gobierno consiguió abrir una oficina de recaudación en Baiona. Pero la población de Baiona se opondría a la instalación de la oficina, lo que provocó un ataque de indignación en el todopoderoso Richelieu.

En 1640 el Consejo de Estado decidió enviar algunos navíos de la marina de guerra a la desembocadura del Adur con el fin de intimidar por la fuerza a la población para que desistiese de su actitud. En 1641 un navío armado atracó en el puerto, originando un levantamiento general de la población. Alrededor de 300 personas atacaron la nave por mar y tierra, ocuparon los edificios militares y municipales y obligaron a la nave a zarpar de Baiona.

Según parece, tras la partida del barco, el levantamiento fue sofocado por el gobernador Gramont, quien ordenó que se desplazase a Baiona el regimiento de Bearne auxiliado por tropas regulares.

Los protagonistas de la insurrección fueron las capas más bajas de la sociedad, artesanos, dependientes, aprendices, jornaleros, obreros, peones, albañiles, pobres y mendigos, es decir, los más perjudicados por la nueva política fiscal. La masa popular se insurreccionó contra la burguesía mercantil, exenta del pago de impuestos sobre el comercio y los géneros alimenticios, contra el poder real representado por el barco de guerra y contra la nobleza agraria y absolutista encarnada en el gobernador Gramont, miembro de una de las familias más linajudas de Behe Nafarroa.

En 1665 nuevamente resurgiría la protesta en forma de tumulto a causa de la instalación de unos funcionarios de aduanas. La ciudad sería castigada con la implantación de una guarnición militar, que se convertiría en permanente desde 1680.

La sedición de Iturbide en Nafarroa (1648)

Este complot se enmarca en un contexto de crisis que sufre el Estado español, asediado por revueltas y rebeliones en los más dispares territorios, varias de ellas de carácter secesionista, casos de Cataluña (1640-1659), Portugal (1640-1668) o la del duque de Híjar y Padilla en Aragón, y otras colindantes con la tipificación separatista como la del duque de Medina Sidonia y el marqués de Ayamonte en Andalucía. Sin olvidar que tampoco está ausente un matiz de ese tipo en el motín de la sal, en las revueltas de Nápoles y Sicilia y en un tímido y rumoroso intento de conjuración en Galicia tras la independencia de Portugal.

Por otro lado, Nafarroa había sido un reino soberano hasta 1512 y, por tanto, el recuerdo de su antigua situación, junto al ejemplo de otros territorios de la Corona, avivó el siempre latente deseo de recuperar la independencia. El único intento serio, e históricamente oscuro y poco conocido, fue protagonizado por el capitán de coraceros y caballero de la Orden de Santiago, don Miguel de Iturbide.

La intención de Iturbide, al parecer, era proclamar la independencia de Nafarroa y, para asegurarla, solicitar la protección francesa. Los mismos catalanes hicieron lo propio en 1649 y salieron escaldados de la «ayuda» francesa, tanto que, en el siguiente conflicto, la guerra de Sucesión de 1704 a 1714, no querrían saber nada del galo y borbón Felipe v.

La conspiración de Iturbide, si es que como tal puede calificarse, fue abortada en su estadio más embrionario.

Miguel de Iturbide (¿Garzain?-Madrid, 1648) era un militar descendiente de familia noble del Baztan que, durante el siglo xvi, había ejercido el cargo de capitán a guerra (cargo habilitado para asuntos de guerra) del valle. Muy pronto sentó plaza en el ejército de Flandes y ascendió rápidamente por méritos de combate. De vuelta a Nafarroa, sirvió como espía del virrey en Bearne. Todo ello le granjeó las alabanzas de la Junta de Guerra y la recomendación favorable del conde-duque de Olivares. En 1635 obtuvo un «acostamiento» o pensión de 30.000 maravedíes anuales, a la vez que iniciaba el proceso para obtener un hábito de la orden militar de Santiago. En 1636 participó en la fracasada expedición de Lapurdi, mandada por el virrey Marqués de Valparaíso, Francisco González Andía, donde destacó y ascendió. También tomó parte, en 1638, en el socorro de Hondarribia y en la guerra de Cataluña, donde fue herido. Su carrera militar culminó con la elección, en 1643, como regidor del burgo de San Cernin y diputado por la ciudad de Iruñea en las Cortes de 1644.

En la coyuntura de mediados del siglo XVII, de numerosos levantamientos en toda España, aumentó enormemente la presión del Gobierno central sobre Nafarroa, exigiendo del reino más hombres y más dinero que nunca. Parece que Iturbide personificó las resistencias y protestas forales en las Cortes, las de la Diputación y de la ciudad de Iruñea. Quizás, con el ímpetu del militar nato, Iturbide se excedió cuando, en nombre del reino, protestó ante el rey Felipe IV por los humillantes castigos que el virrey, conde de Oropesa, había infligido a unos navarros desertores del ejército de Cataluña. Se consiguió remover del virreinato al odiado Oropesa, pero la visita a Iruñea de Felipe IV, en mayo de 1646, no consiguió calmar los ánimos. Todo parece indicar que Iturbide pagó como cabeza de turco de una supuesta y nunca probada conspiración que, con la ayuda de Francia, pretendía separar Nafarroa de la monarquía española. Fue llamado a Madrid a finales de 1646 y retenido en la corte durante todo un año. Se difundieron interesadamente rumores –las sempiternas *fake news* de la época– por parte del poder, de que Iturbide estaba implicado en una conjura separatista. Estos rumores se basaban, al parecer, más que en hechos en la experiencia de lo sucedido en Andalucía y en Aragón, a lo que se sumaba la actitud reticente de Nafarroa ante las recientes imposiciones fiscales y militares y, quizás, algunas palabras destempladas de Iturbide.

De poco valieron las protestas formales de la Diputación y del regimiento de Iruñea. Iturbide murió misteriosamente –al parecer ajusticiado tras juicio secreto– casi en las mismas fechas que Padilla y Silva, los dos encausados por la conjura del duque de Híjar en Aragón.

El levantamiento de Tutera (1654)

En 1654 las Cortes de Navarra promulgaron una restrictiva ley de caza y pesca, que coartaba la tradicional libertad vecinal en esta actividad. Cuando los tudelanos se enteraron de su contenido, un numeroso tropel de ellos, alrededor de 400 según un afectado, detuvo al alcalde, penetró en el edificio del concejo y, provistos de las armas que allí se custodiaban, se dedicó a asaltar las casas de las autoridades y notables locales que de una u otra manera habían intervenido en la aprobación de la citada ley, para obligarles a su derogación inmediata.

La multitud se ensañó especialmente con el deán (canónigo que presidía el cabildo catedralicio) Gil de Echauri y Zárate, natural de la localidad de Añorbe, en Izarbeibar, a quien causaron enormes destrozos, valorados en 6.000 ducados, una cifra respetable para la época. Este clérigo era diputado en Cortes por el brazo eclesiástico y había sido uno de los coautores de la ley. Ante el tumultuoso asalto a su casa, se vio obligado a huir por el tejado para evitar males mayores, refugiándose en su localidad natal. No regresó a Tutera, amilanado por el peligro que había corrido. Terminó sus días como prior de Roncesvalles.

La algarada duraría varios días y, ante el cariz cada vez más tenso que tomaban los acontecimientos, la Diputación decidió suspender la aplicación de la ley de caza y pesca hasta que las Cortes se reuniesen de nuevo.

La guerra civil de Lapurdi (1655-59)

En la mayoría de conflictos suelen latir variadas motivaciones. En este merecen resaltarse algunos flecos de lucha antiseñorial. Sin embargo, el carácter primordial de la confrontación se ubicaba en la esfera política: la pugna de la monarquía absolutista por extender la administración y fiscalidad de los «Pays d'Elections», controlados directamente por la corona, a los «Pays d'Etats» y zonas francas, caso de Iparralde.

El conflicto se inició a causa de la sucesión del bailiazgo perpetuo de Lapurdi, en esa tesitura vinculado a la poderosa familia de los Caupenne. El «bailío» era el representante de la autoridad del rey o del príncipe, encargado de hacer aplicar la justicia y controlar la administración en su nombre, y las tierras bajo la jurisdicción de un bailío se llamaban «bailiaje» o «bailiazgo». Era un cargo análogo al corregidor castellano que representaba al rey en los ámbitos militar, fiscal y judicial.

El monarca, Luis XIV, en lugar de nombrar como bailío al hijo de Leonard Caupenne, Jean, siguiendo la línea sucesoria acostumbrada, nombró a Salvat d'Alzate d'Urtubi. El síndico general, Martín Xurio, clientelarmente relacionado con los Caupenne, se negó a acatar la decisión regia. Para complicar la situación, el procurador real, M. d'Arcangues, reunió el Biltzar de Uztaritze y destituyó a Xurio. Con ello el conflicto se teñía de tinte foral: la defensa de la autonomía frente a las pretensiones de Luis XIV.

Por consiguiente, la sociedad labortana se polarizó en torno a dos posiciones. Por un lado, los partidarios de Alzate (alrededor de mil hombres) y del Biltzar, mediatizado por el procurador, organizados en milicia lapurtana, externamente conocidos por llevar una faja blanca y por ello denominados *sabelxuriak*. Por otro lado, los seguidores de Xurio, erigido en abanderado de la autonomía del país, cuyas mesnadas alcanzaban unos tres mil guerrilleros, que portaban una faja roja y de ahí su apelativo de *sabelgorriak*.

Inicialmente, estos últimos llevaron la iniciativa gracias a su superioridad militar: saquearon el castillo de

Arrangoitze, asaltaron la prisión de Uztaritze, capturaron los cañones de Sokoa y derrotaron en Askain a las fuerzas enviadas por el parlamento de Burdeos. El humo del tiempo, sin embargo, y ello desgraciadamente ha sido una constante demasiado frecuente en el aire de la historia, onduló en beneficio del más poderoso, en este caso la autoridad real. Tras la muerte natural del líder Martín Xurio, cundió en 1659 la desorganización y la desbandada de sus partidarios fue general.

En consecuencia, la autoridad regia saldría fortalecida, procesando a los principales revoltosos e imponiendo fuertes multas, tanto a personas particulares como al conjunto del territorio. El centralista y uniformizador Luis XIV pensó, incluso, suprimir el Biltzar. Este sobrevolaría a duras penas los avatares de este conflicto, pero tocado del ala.

La sublevación de Matalaz en Zuberoa (1661)

Esta insurrección, encabezada por el clérigo Bernat Goihenetxe, el célebre Matalaz, se insertaba en un contexto refeudalizador propiciado por la monarquía francesa, especialmente a partir del edicto de 1639 sobre enajenación de los realengos. Desde 1640 las tierras comunales de Zuberoa, consideradas de dominio real, fueron puestas en venta y adquiridas en 70.000 libras por Arnaud-Jean de Peyrer, conde de Iruri, perteneciente a una acaudalada familia gascona enraizada en Iruri. Este brillante personaje, que había realizado una meteórica carrera militar en la Corte y se convirtió en protector de los mosqueteros gascones inmortalizados posteriormente por Alejandro Dumas, se enseñoreó de un vasto territorio mediante un proceso señorializador, que afectaba inicialmente a dos burgos y catorce parroquias entre 1641 y 1642, de las baronías de

Montori y Atharratze. Transformó Iruri en condado y se adueñó del castillo de Maule en contra de la posición defendida por los Estados de Zuberoa. El Señor de Peyrer trató de hacer efectivo el dominio señorial y los suletinos se vieron obligados a pagar una importante suma de dinero con el fin de rescatar los derechos que venían ejerciendo sobre los bienes enajenados por el señor de Iruri. A ello se añadió la presión fiscal de la corona, inmersa en un proceso hegemónico imperialista en lucha despiadada contra el imperialismo hispano, opresión tributaria generalizada y agravada a lo largo del siglo XVII.

La revuelta estalló en 1661 en defensa de las instituciones económicas y políticas tradicionales del país y en contra de las pretensiones de los notables, de ciertos derechos del clero y de la prepotencia económica de los protestantes y de la villa de Maule.

A la cabeza de los revoltosos se colocó Bernat de Goyenetche, cura de Mitthikile, alias *Matalaz*, apodo conseguido gracias a una memorable paliza. Desde el castillo de Atharratze, y con el apoyo de 800 campesinos armados (según algunos llegaría a tener un ejército de 7.000, cifra que parece exagerada), declaró una lucha abierta contra el señor de Iruri y su castillo de Maule. Formó una guardia permanente de unos 100 hombres y un esbozo de gobierno itinerante, procurando con sus acciones políticas y militares desmantelar el poder señorial y la preeminencia de Maule. Consiguió ejercer una influencia efectiva en el entorno rural, a cuyos campesinos prohibía asistir al mercado de Maule y entregar ofrendas a los sacerdotes. Suprimió las deudas que los campesinos hubiesen contraído con el señor de Iruri, propugnó una redistribución más equitativa de las tierras en beneficio de los baserritarras y proclamó el derecho al autogobierno de los habitantes de Zuberoa, tal y como a su entender estaba recogido en los «Fors» (Fueros) del país de Zuberoa. El capitulado de reivindicaciones sobrepasaba las formulaciones estrictamente fiscales, para incidir en un marco más globalizador que ponía en cuestión las estructuras político-sociales vigentes.

Ante la gravedad de la situación y el peligro de lo que la revuelta significaba para el mantenimiento del *statu quo* vigente, el Parlamento de Burdeos y los notables locales organizaron una fuerza militar de mercenarios al mando del capitán José Calvo, que derrotó a los sublevados en la batalla de Chéraute (Sohüta), causando entre 100 y 400 muertos. Calvo ajustició a 50 suletinos y apresó a otros 100. Por otra parte, otro mercenario, el vizconde de San Martín de Arberua, capturó a Matalaz en el castillo de Gotein. Fue decapitado en Maule, en el lugar de Lextarre próximo al nogal sagrado de Zuberoa, árbol mítico y simbólico, junto al que se reunía la corte de justicia (actualmente es una rotonda para coches). Su cabeza sería colocada en una barbacana para escarmiento general, aunque sus partidarios, a pesar del riesgo que implicaba, la hicieron desaparecer.

Resulta llamativo e inusitado que un miembro del clero se erigiese en abanderado de la revuelta, pero no fue tan infrecuente. En realidad, el clero bajo, rural y urbano, llevaba en ocasiones un modo de vida muy cercano al pueblo común y conocía sus privaciones y calamidades, por lo que no fue el primer caso de toma de conciencia y asunción de protagonismo en canalizar las reivindicaciones populares. Episodios semejantes se produjeron en la revuelta irmandiña galaica (1467-69), en las comunidades castellanas de 1520, en el motín de la sal de 1631, la matxinada de 1766 en Azpeitia y en la Zamacolada de 1804.

Hubo otras penas capitales como el ahorcamiento del deán de Val-Senestre, el envío a galeras perpetuas de los más íntimos colaboradores de Matalaz y la imposición de fuertes multas, que propició una importante emigración hacia el Erronkari.

La memoria de Matalaz ha permanecido viva como un héroe mítico, romántico y justiciero entre las gentes suletinas. Las pastorales, como la de 1955, citada por J. Madariaga, aluden a él como un personaje emblemático y recurrente. Fue un sacerdote comprometido con su grey más desfavorecida y podría considerarse como un adelantado de la teología de la liberación en su perfil más radical.

Los alborotos labortanos (1669-1671)

Las agitaciones sociales que flagelaron el territorio lapurtarra a finales de la década de los 60 se encuadran en un sombrío panorama, con presencia de epidemias y presión fiscal, a las que se sumaron las medidas de política marítima tomadas por Colbert y destinadas al fortalecimiento de las escuadras reales, en su doble faceta, militar y comercial, y siempre desde la perspectiva de un extremado centralismo administrativo. Jean Babtiste Colbert (Reims, 1619-París, 1683) fue ministro del rey de Francia, Luis XIV. Desarrolló el comercio y la industria nacional con importantes intervenciones del Estado. Su nombre va unido a una determinada política, conocida por colbertismo, y caracterizada por el dirigismo intervencionista.

Reiteradamente se exigían levas marineras no solo a los pueblos costeros, sino también a algunos del interior como Askain, Ahetze o Senpere. Hacia 1635 Lapurdi suministraba unos 4.500 marinos, cuando contaba con una población aproximada de 70.000 habitantes.

En 1669 Colbert decretó un reclutamiento forzoso de marineros en toda la costa francesa, que afectaba, por supuesto, a los puertos costeros de Lapurdi. El edicto coincidía, además, con la implantación de la gabela de la sal y era contrario a las libertades labortanas. Por tanto, el conflicto no solo tenía implicaciones políticas, sino también económicas, ya que los que se enrolasen en la Armada ganarían menos que en los viajes a Indias.

El levantamiento se extendería a las localidades de Ziburu, Donibane Lohizune, Urruña, Bidarte, Getaria, Senpere, Askain y Ahetze, resultando muerto en el contexto de la revuelta el vicesenescal, Larralde –sustituto del senescal o delegado directo del rey con poderes jurídicos y administrativos y encargado de aplicar y hacer cumplir las decisiones del rey en las provincias–. Sin embargo, no se produciría ningún nuevo derramamiento de sangre gracias a los buenos oficios y la habilidad del conde de Guiche, quien concedió el indulto a los insurrectos a cambio de la aportación de 152 marineros a la Armada por parte de los puertos vascos.

El Tumulto de Donazaharre (St. Jean-le-Vieux, Behe Nafarroa, 1685)

Los intendentes eran unos cargos administrativos vitales en la política borbónica francesa de intromisión real en las instituciones de Behe Nafarroa. El intendente Foucault destacaría, precisamente, por el ahínco con que procuraba defender los intereses de la monarquía y sus decisiones serían el precipitante inmediato de este tumulto.

En Aintzila, los navarros explotaban comunalmente un manantial salino. En 1683 se publicó un decreto por el que la salina pasaba al dominio real, se instalaba en Donibane Garazi una oficina para la percepción de la gabela y se prohibía la venta de sal procedente del sur de la frontera. La noticia de esta novedad llegó a Donazaharre (St.

Jean-le-Vieux) un día de mercado y se organizó un alboroto espontáneo, aunque incruento. El intendente citado, ni corto ni perezoso, ahorcó a dos revoltosos y envió a otros dos a galeras. El miedo a la represión calmaría los ánimos. Pero, tras múltiples gestiones, las salinas de Aintzila retornarían a la propiedad comunal y los habitantes de Behe Nafarroa recuperarían la venta libre de sal en todo su territorio.

El altercado de la sidra y los encapuchados de Zamalbide (Oiartzun, 1699)

El 1 de agosto de 1699 se produjo en el paraje de Zamalbide, jurisdicción del Valle de Oiartzun, un extraño incidente, que parece extraído de un pasaje de novela negra o de bandidaje dieciochesco de Curro Jiménez en Sierra Morena.

Cabe contextualizar los antecedentes de este suceso en un episodio concreto. En julio de 1699 Francisco Necolalde, superintendente de fábricas de la corona, encargado del abastecimiento de la armada, por mandato de una provisión real, incautó siete cubas de sidra, ubicadas en tres casas de la plaza de Elizalde, para el suministro de los galeones de la flota, surtos en el puerto de Pasaia. En protesta contra la medida se produjeron disturbios y «ayuntamientos generales» que impidieron la misión encomendada a Necolalde, aduciendo la escasez del líquido elemento y el hecho de ser «un alimento necesario y bebida natural de los habitantes y sin ella se hallarían en extrema necesidad». Ante el cariz de los hechos y en prevención de altercados en otros lugares, el consejo de Castilla comisionó al corregidor para realizar las pesquisas correspondientes y averiguar quién o quiénes habían sido los cabecillas del alboroto. Personado en Oiartzun con su séquito el 29 de julio, el corregidor realizó las consiguientes indagaciones. Pero a la vuelta, el 1 de agosto, se produjo el mencionado incidente.

Entre diecisiete y veinte sujetos enmascarados insultaron y asaltaron al corregidor de Gipuzkoa, Juan López de Cuéllar Vega, y a su séquito, entre el que se encontraba el escribano, Antonio de Zorroviaga, y el alguacil, Antonio de Iturzaeta. Hirieron y maltrataron al corregidor «con muchos golpes que le dieron así en los brazos como en las espaldas (de que se halla en curación) y también después de haver herido» al escribano y alguacil, «dejándoles por muertos y a los demas que benían en su compañía». Durante el asalto los enmascarados se apoderaron «de las diligencias de la dicha real Provisión en su virtud echas», contenidas en una maleta que llevaba el escribano y debían ser enviadas al presidente del Consejo de Castilla, fray Manuel Arias, arzobispo de Sevilla. Este había sido nombrado recientemente en sustitución del defenestrado Manuel J. Alvarez de Toledo-Portugal y Pimentel, VIII conde de Oropesa, caído en desgracia a partir del «motín de los gatos» en Madrid (28 de abril de 1699). Porres era amigo del nuevo *factótum* de la política, el cardenal Portocarrero, ambos del partido borbónico, que al final lograría sus propósitos al conseguir la elección como heredero del duque de Anjou, el futuro Felipe V.

La diputación de Gipuzkoa manifestó su sentimiento de pesar al corregidor, mandó despachos a los concejos para saber si era necesario convocar Junta Particular al efecto y envió un escrito al presidente del Consejo de Castilla dando cuenta del delito. Muchos concejos contestaron mostrando su repulsa por el asalto y solamente uno, el de Zumaia, respondió que no era necesaria la convocatoria de una Junta Particular de la provincia en Basarte en virtud de los gastos que generaba. Esta se reunía para asuntos puntuales de extrema urgencia, tales como invasión militar de la provincia, necesidad grave de importar alimentos o difusión epidémica. El valle de Oiartzun remitió representantes a la Diputación para mostrar su repulsa por el disturbio. El presidente del Consejo de Castilla contestó ponderando la gravedad del desacato, mandó castigar a los culpables con el embargo de sus bienes y hacienda y facultó al corregidor para entender e incoar la causa, quien propuso indultar a dos o tres de los delincuentes, con la condición de que se descubriesen en secreto los cómplices. El altercado incluso suscitó un conflicto de competencia a la hora de incoar el procedimiento procesal entre el corregidor y el alcalde de Oiartzun, lo cual es lógico, pues, aunque el asunto entrase dentro de las competencias jurisdiccionales del corregidor, en este proceso el corregidor era juez y parte, y ello no concuerda con las más elementales normas de justicia. El final de este incidente quedó sepultado en el olvido, pues no he encontrado posterior documentación referente a los nombres y las condenas substanciadas a los responsables del alboroto. Es muy posible que el siguiente corregidor, Juan Riomol, echase tierra sobre el asunto.

El suceso, sin embargo, permite desgranar algunas notas interesantes:

La notable cantidad de encapuchados indica la elaboración de un plan conspirativo premeditado y con alta participación no solo de atacantes. Subyace un previsible apoyo social, cuyo objetivo inmediato era amedrentar a los atacados, y la meta final era, evidentemente, destruir los informes y pruebas para echar tierra al asunto.

Además de un motín contra la saca de sidra, un artículo de primera necesidad en esa época, el altercado suponía, evidentemente, un grave desacato a la autoridad del corregidor, representante del rey en la provincia, de ahí la intervención del Consejo de Castilla, pero también manifiesta un malestar de fondo contra los continuos embargos de víveres para el abastecimiento de la Armada, dejando al pairo las precarias economías populares, y muestra, además, las injerencias derivadas de la dependencia de la corona española imperialista.

Sabemos que hubo tres años de gran escasez de cereales, 1697, 1698 y, sobre todo, 1699, con medidas insistentes y urgentes por parte de la provincia de Gipuzkoa para importar grano desde Nafarroa y Araba (ver: Egaña, Domingo, pp. 228-229). En 1699 Segura afirmaba que la escasez se debía a los «trajineros» (especuladores) y «revendedores», y una Real Pragmática tasaba los granos a 28 reales.

Se deja entrever que las autoridades estaban preocupadas por la posibilidad de nuevos alborotos después del tumulto madrileño del 28 de abril de 1699, manipulado y aprovechado por los líderes del partido borbónico para defenestrar al Conde de Oropesa y a los partidarios del partido austríaco. Aunque el cargo de corregidor era normalmente bianual, es llamativo, asimismo, que López de Cuéllar –fallecido en Iruñea en 1701– fuese inmediatamente sustituido por el gallego Juan Riomol y Quiroga, quien se mantendría en el empleo desde 1699 hasta 1706.

Otras «emociones» en Euskal Herria continental (ss. XVII-XVIII)

Desde finales del siglo XVII y a lo largo del siglo XVIII continuarían produciéndose en todos los territorios de Euskal Herria continental, principalmente en Lapurdi, pequeñas algaradas y resistencias contra la pretensión de imponer nuevos tributos o el simple rumor de ellos, dado que el rumor como potencia histórica e inductora de revueltas hace su aparición en el siglo XVIII con gran fuerza, como han comprobado historiadores como Palop en los motines en Valencia o Tilly en Francia.

Entre estas breves alteraciones de pequeño calado podemos mencionar las siguientes:

- En 1663 y 1664 la región de Hagetmau se rebeló contra la imposición de gabelas y no se apaciguaría hasta 1667, año en todavía una orden del rey mal interpretada originaría que un enviado del rey fuera asesinado al creer que venía a imponer una gabela.
- En enero de 1670 levantamiento en Dax con motivo de un rumor sobre imposición de una gabela.
- El tumulto de 1696 en Mugerre e Hiriberri.
- La agitación en 1709 de las mujeres de Donibane Lohizune contra la gabela.
- La asonada en Ainhoa en 1724 por un equívoco en las recaudaciones.
- La conmoción en Lapurdi durante el año 1726 ante el intento de extensión del impuesto de la «cincuentena» sobre determinados productos.
- Las agresiones a recaudadores en 1734 en Bidarte y Getaria.
- La alteración de 1748 en Donibane Garazi cuando unas mujeres interpretaron erróneamente un pasquín que mencionaba nuevos impuestos, levantándose el pueblo para evitarlo. En esta asonada irrumpen multitudinariamente las mujeres como protagonistas activos de la historia, al igual que harían las féminas valencianas en los motines de 1766 como ha revelado el historiador Palop.
- Los sucesos de Donibane Lohizune en 1756 manifestaban el descontento popular ante la permanencia de acantonamientos militares en una zona fronteriza que

se veía obligada a alojarlos y sufrir sus continuados vejámenes. Una casi anecdótica discusión entre un viejo euskaldun, que no sabía francés, y un oficial galo de artillería, que no hablaba euskera, desembocó en una auténtica batalla campal entre los militares y la población civil.

- Ocupación militar en Hazparne en 1760 contra ciertos desórdenes.
- Otros tumultos en Lapurdi en 1773 y 1784.

José Miguel Torre, en su extenso estudio sobre Iparralde, basándose en los trabajos de Robert Mandrou, enfrentado con F. Braudel y discípulo predilecto del gran historiador de la Escuela de los Annales, Lucien Febvre, menciona continuas revueltas menores o de baja intensidad que acontecieron en Iparralde en el siglo XVII, con singular protagonismo femenino, contra el impuesto de la sal, del tabaco y de otras gabelas. Unas fueron rurales (1632, 1635, 1638, 1641, 1670), otras urbanas (1641, 1670) y algunas casi alcanzaron la temperatura suficiente como para calificarlas de sediciones (1645, 1664, 1672, 1674-75).

Es interesante señalar que el análisis de las revueltas en la Francia del siglo XVII, incluidas las de Iparralde, originaron una fuerte pero interesante polémica entre dos grandes historiadores, el ruso Boris Porchnev, desde una interpretación marxista, y el francés Roland Mousnier, desde la perspectiva liberal de un católico de derechas, no perteneciente a la Escuela de los Annales. El primero aseguraba que se había producido una auténtica lucha de clases, mientras el segundo negaba tal posibilidad, porque antes del siglo XVIII existía una sociedad diferenciada por estamentos y no se había introducido todavía el capitalismo ni, por consiguiente, la división en clases sociales.

IV.
Motines con label: las matxinadas (s. XVIII y comienzos del XIX)

1.
Contexto estructural y coyuntural

LOS DESEQUILIBRIOS Y CONTRADICCIONES estructurales y condicionantes coyunturales generaron un estado permanente de inestabilidad y conflictividad larvadas, que en tesituras críticas al socaire de la incidencia de algún o algunos precipitantes, emergió y se reveló en forma de motines, eufónicamente motejados en Euskal Herria con el nombre de matxinadas.

Este clima fue alimentado por dos focos tensionales que actuaron como emulsionantes: la política reformista borbónica y las contradicciones internas a la propia sociedad vasca.

Respecto a la política reformista borbónica, la nueva dinastía borbónica aplicaría un programa reformista, que suponía una reformulación del *statu quo* y de las estructuras tradicionales en importantes ámbitos de la sociedad española.

Este nueva política se apoyaría en dos principios básicos íntimamente relacionados: la uniformización, entendida como superación de la dispersión de poderes concurrentes en el reino y supresión de los derechos particulares, privilegios y exenciones; y la centralización, a través del reforzamiento del aparato estatal y del creciente intervencionismo de las instancias gubernativas y administrativas de la monarquía, lo cual se traducía en la potenciación de la capacidad ejecutiva y de acción y control de la corte y de sus órganos de gobierno.

Esta política reformista suscitaría una viva y tensa polémica en relación con el ordenamiento específico y privativo de las provincias vascas, tanto por su incompatibilidad con las constituciones forales como por la amenaza que los proyectos reformistas podían suponer para el desmochamiento de las enquistadas retículas tradicionales de poder operativas en cada provincia y concejo.

La abolición del sistema foral vasco no fue planteada como un problema de Estado hasta finales del siglo XVIII con la actuación de Godoy. La aplicación de las medidas reformistas durante el siglo XVIII no presuponía un ataque frontal e integral contra el régimen foral. Se circunscribieron esencialmente a la esfera de la fiscalidad y al ámbito aduanero y comercial.

La actitud de las provincias exentas ante la ofensiva reformista se basó en una estrategia de resistencia y defensa de la integridad de la constitución foral, aunque bajo el paraguas de una triple matización:

a) Oposición por parte de los poderes provinciales a la introducción de nuevas figuras o instituciones dependientes de la corona o de los órganos centrales de gobierno (jueces de contrabando, subdelegados de rentas, subdelegados de correos, superintendentes del tabaco, etc.), porque estas instituciones escapaban a la jurisdicción y control del armazón provincial de poder y podían devenir en una injerencia competencial de cara al ejercicio del poder provincial.

b) Adaptación o reconducción de las medidas reformistas, procurando evitar o paliar sus efectos más perniciosos, hacia su integración total o parcial en el régimen privativo.

c) Las autoridades forales insistirán una y otra vez en «los discursos de frontera». Estos discursos, cuyos fundamentos habían sido aceptados tradicionalmente por la Corona, procedían ya de la época bajo medieval y se basaban en una serie de principios por los que los vascos gozaban de los fueros: ser una tierra estéril y fragosa, necesitada de importar bastimentos, y de libertad de comercio y aduanas, empeñada en la defensa de las fronteras, vinculada a la nobleza e hidalguía universal, la inmemorial elección de soberano y la voluntaria incorporación a Castilla mediante pacto. Por consiguiente, el traslado de aduanas de 1717 suponía una ruptura del pacto tradicional e inmemorial de las relaciones entre los vascos y la Corona.

d) Resistencia no monolítica frente a la política reformista por parte de la sociedad vasca. Se registró en su seno un recio debate entre dos posiciones enfrentadas. Por un lado, un sector mayoritario, representado por la nobleza rural, hegemónica en las Juntas y detentadora de los principales resortes del poder provincial. Por otro, un grupo burgués, industrial y comercial, que en virtud de los beneficios de la política reformista (libertad de comercio y traslado de las aduanas) para sus intereses económicos, se mostraría favorable a una reformulación del marco constitucional provincial de tal forma que pudieran compaginarse las libertades tradicionales con las nuevas utilidades dimanantes de las medidas reformadoras.

Ambos grupos de oligarcas eran conocidos por el pueblo como los «handikis» o «pelucas», por las pelucas que llevaban, fruto de la moda francesa introducida en el siglo XVIII.

La política reformista propició una ofensiva historiográfica con el fin de alfombrarla de una cobertura ideológica con el objetivo de socavar los cimientos legitimadores de la foralidad. Martínez Marina, Traggia, González Arnao y, sobre todo, el riojano y canónigo Llorente con sus *Noticias históricas...*, verdadera biblia del centralismo antifuerista, consagraron sus plumas a esta tarea.

Financiado y amparado por la Corte, Llorente ofrecería tres argumentos antiforales primordiales. El primero, que las provincias vascas nunca habían sido independientes y siempre habían estado bajo jurisdicción real. El segundo, que la vinculación a la Corona de Castilla en ningún caso fue fruto de un pacto voluntariamente acordado. Y el tercero, que los fueros no eran el resultado de contratos bilaterales, sino privilegios y mercedes, concedidos gratuita, generosa y voluntariamente por los reyes y, por tanto, revocables y supeditados al interés general del reino.

La ofensiva historiográfica y el revestimiento ideológico reformista suscitaron la consiguiente contrarréplica en las provincias vascas, de carácter defensivo y panegírico, que contribuyó decisivamente a la sensibilización foral de la sociedad. Larramendi, y más tarde Fontecha y Salazar, Novia de Salcedo, Aranguren y Sobrado y otros contrarrestaron con un discurso ideológico-político y una literatura histórica foralista, que legitimaba con inusitado alarde argumental el régimen privativo foral. Estos tratadistas idealizaron y magnificaron su origen, aludieron a la libertad primigenia e inmemorial de los vascos, reafirmaron la intangibilidad y consustancialidad de la constitución foral y ratificaron el carácter pactado y voluntario de la unión a la monarquía, que deslegitimaba cualquier ruptura o transgresión unilateral del acuerdo contractual.

El segundo foco de tensión eran las contradicciones internas de la sociedad vasca. Las tensiones inherentes a esta, agudizadas por la «refeudalización» de su actividad económica, la jerarquización y estratificación de su tejido social y la oligarquización de su gestión política fueron también ingredientes promotores de la conflictividad.

En el plano económico concurría un panorama, cuya visión sintética aporta clarificación explicativa a la aparición de los conflictos.

En el siglo XVII, la crisis de los sectores económicos estratégicos, el siderúrgico y comercial, en el área holohúmeda había determinado una ruralización de la población y de la actividad económica.

La ruralización y la consiguiente parcelación de la tierra provocaría la ruptura del equilibrio de la unidad económica básica del agro vasco, el caserío, unidad de producción familiar, generalmente pequeña y escasamente mecanizada, cuya precaria autosuficiencia solamente se asentaba en la frágil conjugación de unas determinadas condiciones de equilibrio. Estas eran: la propiedad del caserío y de las tierras que cultivaban, la facilidad para el disfrute de bienes comunales, la posibilidad de complementar, en determinadas épocas del año, las insuficientes economías familiares con otros ingresos procedentes de actividades vinculadas a las ferrerías (tala de bosques, extracción o transporte de vena, carboneo, etc.) y un sistema sucesorio que garantizaba la indivisibilidad del patrimonio familiar y su íntegra transmisión a un único heredero, el mayorazgo.

La ruralización modificará el régimen de la propiedad hacia la concentración de la misma y hacia la generalización del sistema de arrendamiento, a través del endeudamiento motivado por la presión fiscal, por los conflictos bélicos, por el pago de dotes y legítimas a los no herederos y por el incremento del precio de la tierra a causa de la restringida oferta y la creciente demanda.

Un elemento, asimismo, permanentemente distorsionador en las provincias costeras era la persistente falta de cereales, que obligaba a una alerta continua para solucionar la escasez. Así, en Gipuzkoa era frecuente dictar normas para prohibir la extracción de cereales (trigo y maíz), construir depósitos y solicitar permiso para importarlos de Nafarroa, Araba, de Castilla e incluso por mar. Domingo de Egaña, en su Guipuzcoano instruido (pp. 229-231), publicado en 1780, enumera un largo listado de estas medidas (salvo en 1717, que menciona abundancia): en 1699, 1709, 1710, 1734, 1747, 1749, 1753, 1755, 1763, 1768 y 1769.

Hasta la segunda mitad del siglo de las luces, en general, las élites locales se habían mantenido fieles a un concepto moral de la economía muy alejado del dogma ilustrado, pero paralelo y complementario al concepto de economía moral predominante entre las clases populares. Era una concepción portadora de premisas colectivas, y que no eludía imponer límites a los propietarios en el goce y libre disposición de los bienes, cuando la situación social lo requería. En épocas de crisis, las autoridades no dudaban en tasar o «trabar» los precios, evitar los intermediarios entre productores y consumidores, dar preferencia a los más pobres en la compra de subsistencias, limitar las horas de venta, prohibir la acumulación de grano y la exportación a otros lugares, etc.; todas ellas, premisas inaceptables para los defensores del mercado libre y de la libre propiedad. El punto de inflexión en la mentalidad de la oligarquía en esta faceta se produjo hacia 1765, año de la promulgación de la Real Pragmática del 11 de julio, que liberalizaba el comercio de granos. Esta norma respondía a una concepción de la economía diferente al concepto moral aceptado socialmente hasta entonces. El mercado pasaba a gozar de total libertad frente a factores externos a él mismo y a regirse exclusivamente por el interés individual de los que concurrían a él.

En el ámbito social la propagación del arrendamiento con la subsiguiente proletarización y la condensación de la propiedad en un grupo cada vez más sincopado de notables rurales exacerbará las desigualdades en el seno de la sociedad vasca, profundamente jerarquizada y estratificada, lo que, desde luego, no concordaba con el mitificado igualitarismo vasco.

Esta transformación incrementaba el antagonismo principal entre notables rurales y las clases populares campesinas. Pero no era el único que reticulaba los entresijos de la sociedad vasca, ya que el enfrentamiento a causa de intereses contrapuestos entre los oligarcas rurales y la burguesía era un factor no desdeñable en la generación tensional de las relaciones sociales. Los primeros abogaban por el mantenimiento del sistema que les permitía conservar su posición predominante, mientras que la segunda insistía en la revisión del marco económico y sociopolítico en la línea de una liberalización económica y de una coparticipación en los mecanismos gestores del poder provincial.

En la esfera política, los rasgos más definitorios serían la elitización y la aristocratización de la actividad política, imagen muy alejada del mítico y bucólico estereotipo de la democracia tradicional vasca, aunque se deba reconocer que existían más cauces de participación comunal que en otras sociedades colindantes de la época.

Ascendencia sobre la población y posición holgada eran *conditio sine qua non*, según los ordenamientos forales y municipales, para ejercer cargos públicos. Desde mediados del siglo XVII se endurecieron estos requisitos al incrementarse la riqueza en bienes raíces y rentas con objeto de acceder a la elegibilidad para ocupar cargos concejiles o forales. A ello se sumará la obligatoriedad de hablar y escribir en lengua castellana, lo que apartaba del ejercicio público a una gran masa de la población euskaldun que desconocía la cervantina lengua, hoy obligado «esperanto» peninsular.

La elitización de los cauces de representación política restringía el acceso de las clases populares a las instituciones gubernativas locales y forales y favorecía su monopolización por parte del patriciado rural, por lo que a su poder económico se sumaría el político. A su vez la instrumentalización y control de sus resortes le servía, en un proceso de retroalimentación, para incrementar aún más su enjundiosa riqueza económica.

En este ambiente crecientemente tensional erupcionaron las matxinadas, que se manifestaron en coyunturas especialmente críticas. El término matxinada procede del vocablo *matxin* –euskerización de Martín, santo patrón de los ferrones–, nombre con el que genéricamente se designaba a los ferrones y por extensión a los campesinos que realizaban faenas relacionadas con las ferrerías. Posteriormente, el término sería sinónimo en euskera de sedición, motín, tumulto, algarada, asonada, insurrección, revuelta etc.

Fueron numerosas las matxinadas que amenizaron la variopinta geografía vasca. A las ya mencionadas acaecidas en Iparralde podemos añadir otras de corta y baja intensidad:

- Amago de motín en 1705 en Donostia, apareciendo pasquines, «incitando a los naturales a resistir la introducción de guarniciones francesas en los presidios –fortalezas para guarecer soldados– de la ciudad» (Egaña, Domingo, p. 342).
- Asonada en Irun en 1731 a raíz de una leva de marinería.
- Intento de motín en Segura en 1732, con incoación de causa a los que publicaron pasquines contra el alcalde de la localidad.
- Conmoción en 1733 en las fábricas de armas de Soraluze.

- El motín de Azpeitia en 1739 a causa de una carestía de grano.
- Motines de «rozaduras» en 1743 en Hernani y en 1775 en Zarautz, debido a unas roturaciones en los montes comunales (Egaña, Domingo, p. 408).
- Desavenencias ocurridas en Hondarribia en 1758 con motivo de una leva de marinería.
- Tumulto en Bergara en 1823 a consecuencia de haber intentado el alcalde exigir una contribución impuesta por el Ayuntamiento a la propiedad territorial y al inquilinato.

No osamos siquiera mencionar otros amagos de algaradas, como las de 1773 en Donostia con motivo de la exportación de sidra o de las dificultades del abastecimiento de carne, la de 1784 en Gasteiz a causa de la venta del vino, en Laguardia debido a un contencioso en relación con las carnes y el vino, y la alteración de 1779 en Gueñes, con enfrentamiento entre notables y pobres, artesanos y de humildes oficios, quienes se oponían a la libre introducción del vino en un momento de buena cosecha de chacolí.

Trataremos, sin embargo, de analizar más pausadamente aquellas más relevantes: las de 1718, 1738, 1755, 1766, 1773, 1784 1803 y 1804/1805.

2.
La «década prodigiosa»: 1718 y la cuestión de las aduanas

LOS PROFESORES ÁLVARO ARAGÓN Y ALBERTO ANGULO, en un libro coordinado por ellos, titulan la época del conflicto como «La década prodigiosa (1717-1727)». En ella ocurrieron cuatro acontecimientos notables: el decreto del traslado de las aduanas (1717), la matxinada de 1718, la invasión francesa de Gipuzkoa de 1719 y el «capitulado» de 1727, con el que se suspendía definitivamente el decreto de 1717. A esta matxinada dedica un minucioso relato Celia Ribechini, con numerosa documentación adicional.

Al contexto estructural general ya desmenuzado se superpusieron otros factores coyunturales incidenciales entre 1701 y 1717.

En primer lugar, la situación bélica prolongada tras la guerra de Sucesión y un paralelo reforzamiento de una política uniformizadora y reformista, centrada principalmente en torno al fortalecimiento de la figura del corregidor.

Gipuzkoa se había posicionado, como el resto de las provincias vascas, a favor del borbón, Felipe v. Envió un agente a la Corte, Tomás de Ibargüen, para que el monarca jurara los fueros, como así hizo el 30 de marzo de 1704, introduciendo una apostilla reveladora: «Sin perjuicio de la corona real, ni de tercero, ni que sirviese darles más fuerza y autoridad que la que habían tenido y tenían al presente».

Pero el apoyo a la causa borbónica generó, al menos en Gipuzkoa, onerosas cargas económicas a causa de los donativos a la Corona (ver en Egaña, Domingo, pp. 185-1909 en 1700, 1701, 1704, 1705, 1707, 1710, 1713, 1726, 1729, 1731, 1735, 1737, 1738, 1742, 1752,1765), así como servicio de hombres para defender plazas (1709), mantenimiento de tropas, armamentos forales y exteriores, compras de armas, tránsitos reales (1700), campaña de Andalucía (1702), compañía en Cataluña (1713) y otros preparativos bélicos. Incluso en 1701 Gipuzkoa envió dos mil doblones, tomados a censo, semejante a un préstamo hipotecario actual, como donativo «gracioso» (eufemística denominación con tal de no llamarlo voluntario forzoso) para sufragar los gastos del casamiento del rey, Felipe v, con María Luisa Gabriela de Saboya (Egaña, Domingo, p. 190), que se celebraría el 2 de noviembre de 1701. El cálculo total de todos estos gastos supuso a las arcas de la provincia unos 26 millones de maravedíes. A ello se sumarían una fuerte depresión, producida por dos años seguidos de malas cosechas (1717 y 1718) y por las demandas fiscales. Fernández Albadalejo recoge en un documento un relato realmente triste de la situación: «muchas familias [andaban] desamparadas, saliendo a pedir y suzediendose muchos muertos, robos de los sagrados templos y otras molestias de gran desagrado de Nuestro Señor y desconsuelo de v.s.».

Tampoco conviene olvidar, como señala en un estudio el profesor Xabier Lamikiz (2019, pp. 95-123), que el trasfondo económico del motín manifiesta que los matxinos actuaron contra miembros de la noble tradicional y del gran comercio de Bilbo y contra miembros de la élite rural ligados al gobierno foral en varios puntos. Este mismo historiador advierte que el germen de la matxinada fue alimentado durante la guerra de Sucesión (1704-14) por la rivalidad entre los comerciantes vinculados al contrabando del tabaco y la oligarquía rural, que acabaría minando la credibilidad de las autoridades vizcaínas. Si controlaban el contrabando del tabaco, someterían a los comerciantes bilbaínos, pero a costa de debilitar la defensa de los fueros y la paz social, a la que tanto contribuía dicha actividad ilegal. El citado profesor resume el trasfondo socioeconómico en cuatro condicionantes: descontento antiseñorial y antiurbano, furia de los consumidores por la penuria alimenticia básica (escasez de cereales en 1717 y 1718, año muy seco), los donativos dinerarios y servicios de hombres, sobre todo marinería, a la corona a causa de la guerra de Sucesión y eventos posteriores, y la existencia de un enorme contrabando de tabaco (faceta a la que concede gran importancia Juan José Laborda), que deterioraba los ingresos de fisco estatal en virtud de su estanco (de ahí el traslado de aduanas para frenar el tráfico contrabandista), pero suponía unos ingresos complementarios para las familias con magras economías domésticas.

Sin embargo, el precipitante inmediato de esta matxinada cabría situarlo en un real decreto promulgado el 31 de agosto de 1717 por el italiano cardenal Alberoni, muy supeditado a la reina Isabel de Farnesio, casada con Felipe v en 1714, tras el fallecimiento de la anterior. El abate Alberoni, durante un tiempo el factótum de la política española, fue quien dispuso el traslado de las aduanas del interior a los puertos de mar, que empezaría a realizarse entre febrero y marzo de 1718.

La aplicación de este decreto implicaba inmediatamente dos consecuencias. La primera, un gravamen fiscal sobre los productos importados, que en el caso de las provincias costeras vascas suponía el incremento automático de los precios de los artículos básicos de consumo. La segunda, una vulneración clara del ordenamiento foral. El señorío de Bizkaia, con argumentos razonados contra la medida, envió un memorial a la Corte que no obtuvo la respuesta deseada, aunque se acusó de soborno a la comisión que lo presentó por su falta de rotundidad reivindicativa. El alcalde de Bilbo, en carta enviada al rey Felipe v el 20 de septiembre de 1718, afirmaba que el motín se había producido porque el gentío sentía «una humana ydolatría a sus antiguos fueros, sus libertades y franquezas». A pesar de las protestas, el real decreto se hizo efectivo y las aduanas se trasladaron a la costa en marzo de 1718, desencadenándose con rapidez el motín.

Aunque los sucesos más sangrientos ocurrieron en Bilbo, el radio de localización de la revuelta fue relativamente amplio: varias comarcas vizcaínas (*hinterland* de Bilbo, ría del Nervión, ría de Mundaka-Gernika) y en menor medida la zona occidental de Gipuzkoa: municipios de Bergara, Arrasate, Mutriku, Deba, Elgoibar, Eibar, Soraluze, Elgeta, Aretxabaleta, Eskoriatza, Gatzaga y Oñati.

Con ciertas reservas, podría afirmarse que la matxinada se localizó preferentemente en los puertos de mar y zonas rurales próximas, áreas sumamente dependientes de la importación de subsistencias y por ende las más perjudicadas por la nueva ubicación de las aduanas. En las comarcas interiores el motín pasó de largo o incidió mínimamente.

Los acontecimientos de la insurrección se desarrollaron entre el 31 de agosto de 1717 y el 1 de enero de 1723, aunque en su sentido más estricto el movimiento se extendería desde marzo de 1718 a enero de 1719.

En agosto de 1718 comenzaron las primeras escaramuzas: muerte de un recaudador en Bilbo e incendios de los barcos de los guardas de aduanas en Bermeo y Algorta. Pero el conflicto cobró realmente tintes alarmantes a partir del 4 de septiembre en Begoña al celebrarse una sesión en concejo abierto de sus habitantes, en gran parte inquilinos de tierras, pertenecientes al diputado general, Enrique de Arana. Los vecinos, el «vulgo», decidieron oponerse al real decreto y el movimiento se diseminó por las anteigleias próximas como Deustu o Arrigorriaga. Iniciaron una auténtica revuelta, quemando casas de notables, ultrajando a clérigos y caballeros y eliminando físicamente a tres oligarcas, en violencia selectiva y simbólica, entre ellos al diputado general, Enrique Arana. En él los sediciosos, según un relato manuscrito contemporáneo, «ejecutaron cuantos géneros de sevicia les dictó la crueldad, haciéndose increíbles entre cristianos las cosas que se refiere; en fin le mataron y por todas las circunstancias arriba expresadas se colige evidentemente que le entregaron al sacrificio, como á inocente cordero».

Los vecinos de Bilbo determinaron armarse para defenderse de los campesinos de los alrededores, pues la asonada se había extendido como un reguero de pólvora a Somorrostro, Portugalete y otras localidades, con desaparición cruenta de tres notables en Bermeo el 10 de octubre, incluido el alcalde, que fue quemado. Durante este mes y el siguiente el movimiento se difundió a Gipuzkoa, concretamente al valle del Deba, con acciones violentas en Bergara.

En septiembre ya se había reunido la junta particular de Gipuzkoa en Tolosa, que envió dos comisionados a Madrid con el fin de que solicitasen la restitución «á estas provincias de su antigua libertad ó exención de derechos de aduanas».

A mediados de octubre una carta del todopoderoso ministro, el abate Alberoni, intentaba aplacar los ánimos. Matizaba el sentido del real decreto y declaraba la libre entrada de todos los productos de primera necesidad, principalmente los alimenticios, destinados al consumo interno de la provincia.

Sin embargo, el rey Felipe v, al enterarse de lo ocurrido, encargó al fiscal del supremo y de la Cámara de Castilla, don Tomás Melgarejo, como brazo judicial, una detallada pesquisa de los sucesos y envió a Bizkaia, como brazo militar, al mariscal de campo don Blas de Loya, al mando de un cuerpo de 3.000 hombres. Las autoridades del señorío mostraron fervientes señales de agradecimiento por esta doble presencia.

El 11 de noviembre las tropas de Loya entraban en Bilbo y a comienzos de 1719 ocupaban prácticamente el territorio provincial.

En Bilbo, foco principal del motín, los protagonistas fueron los campesinos de las anteiglesias circundantes –Begoña, Erandio, Abando, Deustu, Arrigorriaga, Galdakao, San Miguel de Basauri, Lezama, Etxebarri, Sondika...– aunque la generalidad de las clases populares y consumidoras se sumaron a la revuelta.

La animosidad de los amotinados se dirigió contra el corregidor y demás autoridades de su órbita, encarnada en los oficiales de las nuevas aduanas; pero sobre todo contra los notables rurales y autoridades forales y locales, «los golillas», que eran acusados de falta de vehemencia en la defensa de las libertades forales y de preferir sus intereses particulares a los generales de la población.

Por extensión, la animosidad se generalizó contra los que de alguna manera representaban el orden constituido: «vezinos principales», «gente de primera distinción», «caballeros», «personas de calidad», es decir, la oligarquía, que englobaba, además de las autoridades y los notables rurales, a los patronos laicos y comerciantes ricos.

El clero, sobre todo el clero regular (dominicos, franciscanos, agustinos y jesuitas), que no sufrió las iras populares, adoptó una postura favorable a los notables, aunque algunos clérigos, principalmente franciscanos, se mostraron condescendientes (algunos serían castigados posteriormente) y se esforzaron por calmar y apaciguar a los insurrectos.

Las reivindicaciones de los alzados se centraron en la derogación del real decreto del 31 de agosto de 1717 sobre el traslado de las aduanas, aunque también harían referencia a la necesidad de castigar a los notables rurales por su actitud como «traidores a la patria».

La represión de la matxinada se saldó con 32 penas de muerte –31 en Bizkaia y 1 en Gipuzkoa– así como un elevado número de sentencias en las que se condenaba a los principales encausados a penas de prisión, multas y confiscaciones de bienes.

Los amotinados vieron satisfecha su principal demanda: la revocación del desdichado decreto de 1717, aunque tras un largo epílogo. En un primer momento, el 31 de diciembre de 1718, una real orden mantenía las aduanas, eximiendo de gravámenes a los productos que los naturales importasen para su propio consumo, excepto el cacao, azúcar, tabaco y otros productos coloniales. Posteriormente, un decreto del 16 de diciembre de 1722 reponía las aduanas en el interior a partir del 1 de enero de 1723. El 22 de diciembre de 1726, la Corona otorgaba un indulto que alcanzaba a todos los implicados en la asonada y finalmente en 1727 firmó un capitulado o acuerdo con las provincias vascas. Las aduanas quedaban fijadas de nuevo en el interior, pero se introducía un gol en campo contrario: la corona creaba en la costa una especie de aduanilla, la superintendencia del tabaco, para controlar y gravar el contrabando de tabaco.

Sin embargo, conviene señalar que en la solución del conflicto intervino una coyuntura muy concreta, que algunos historiadores denominan «la década prodigiosa» o «peligrosa» (Angulo, A., 2019, p. 125), en la que intervinieron acontecimientos externos como la invasión en 1719 de las tierras guipuzcoanas por parte de la Cuádruple Alianza, entre ellas Francia, lo que incrementaría el recurso persistente de las autoridades a recurrir a «los discursos de frontera» (Aragón, A., 2019, pp. 155-174).

El profesor Angulo constata un aspecto positivo. Con anterioridad cada provincia gestionaba separadamente ante la corte sus asuntos. A partir del capitulado, que no acuerdo, de 1727, las provincias tenderán progresivamente a gestionarlos mancomunadamente hasta crear en 1793 las «conferencias forales», reuniones normalmente anuales de las tres provincias para tratar negocios comunes y actuar en consecuencia.

En resumen, sobre un trasfondo socioeconómico adornado de un fondo malestar, motivado por varios elementos incitadores, actuó como precipitante del estallido social el traslado de las aduanas, que deterioraba las economías populares y suponía un contrafuero.

Por consiguiente, al conflicto se adhirió como aditamento ineludible la cuestión foral. Una copla popular catalana contra el valido Alberoni, estudiada por el profesor Alcoberro (Angulo, A., 2019, p. 125), saca a relucir este malestar: «Sacar tropas de la tierra / enviar contra Eskozia armada, / no tener a Francia en nada y en menor a Inglaterra; / hazer a el Imperio guerra, / echar a la Europa fieros; / quitar a Vizcaya fueros / sin tener un atambor, / o el cardenal es traidor / o nosotros majaderos».

3.
La agitación de Vitoria-Gasteiz (1738)

NO FUE UNA ALGARADA DE ALTO VOLTAJE EXPLOSIVO, pero sí sumamente demostrativa del proceso de elitización y oligarquización del poder y de su utilización abusiva en beneficio propio.

La causa primordial de este conflicto residió en el control del poder municipal por las minorías de notables, que les permitía, entre otros beneficios, orientar la política fiscal local hacia las transacciones comerciales y los consumos y no hacia la propiedad, controlada por ellos. Los comerciantes y las clases populares litigaron contra ellos ante el Consejo de Castilla, mientras en la calle se producían tumultos y protestas en 1738. Durante un breve lapso de tiempo (1742-48) los burgueses conseguirían sus objetivos: sustituir a los notables en el gobierno municipal. Pero más tarde la intervención de la corona volvería a reponerlos, dejando la situación como estaba antes de 1738.

Este acontecimiento ejemplifica a la perfección la fractura social que empezaba a rasgar la túnica social vasca. Entre 1738 y 1748 se produjo un enfrentamiento entre el pueblo llano y las oligarquías de Vitoria-Gasteiz. A finales de marzo de 1738, los habitantes de las 21 vecindades vitorianas enviaron una lista de demandas a los gobernantes de la ciudad. La Compañía de Jesús quería erigir un colegio en ella, pero la mayoría de sus habitantes y el clero secular estaban en contra. Los jesuitas llevaban intentándolo desde el siglo XVI. Sin embargo, en esta ocasión contaban con el apoyo de la nobleza y, por medio de ciertos subterfugios, lograron asentarse.

Ahora bien, en la gestación del levantamiento intervinieron también otros factores, como ya hemos adelantado. Por un lado, detrás de la protesta estaban los mercaderes que, más que desplazar a la nobleza del poder, pretendían compartirlo con ella. La burguesía, a fin de proteger sus negocios e intereses, intentaría dominar el gobierno local, teniendo en cuenta, además, que podían perjudicarles las medidas de construcción de infraestructuras viarias que los borbones querían imponer en su tradicional sistema comercial, vinculado esencialmente al hierro y la lana. Las disputas entre Bilbo y Santander, entre 1738 y 1742, pusieron a Vitoria-Gasteiz entre la espada y la pared. El ministro José Patiño promovía los caminos directos entre Burgos-Santander y Bilbo-Balmaseda u Orduña, marginando así a Gasteiz. Finalmente, entre 1742 y 1748 la burguesía de Gasteiz consiguió controlar el poder concejil, aunque por un corto lapso de tiempo. Por otro lado, el pueblo vertía numerosas acusaciones sobre los mandatarios: aumento de impuestos, malversación de fondos públicos y fraude electoral. En cualquier caso, fueron promulgadas medidas importantes: redacción de nuevas ordenanzas y establecimiento de un nuevo arancel sobre los productos que cruzaban Gasteiz.

4.
La matxinada de la carne (1755)

EL DETONANTE INMEDIATO DE ESTA REVUELTA cabría situarlo en los decretos de la Diputación de Gipuzkoa del 20 de agosto de 1754 y del 21 de marzo de 1755 por los que se prohibía la extracción de ganado de la provincia. Pero sin la explicación de un horizonte anterior de referencias, sería imposible entender el trasfondo gestador de este conflicto.

La introducción del maíz, la creciente importancia de la rotación de cultivos, el aprovechamiento de las plantas forrajeras como el propio maíz en verde y el nabo, cuya semilla primero fue traída de Escocia y más tarde de Galicia, dieron lugar a una relativa ampliación de la cabaña ganadera. Esta se convertiría, en determinadas zonas, en una solución de recambio o complemento a la precaria e inestable economía agraria campesina. Las posibilidades de exportación pecuaria, aunque limitadas, suponían un momentáneo respiro.

A medida que la ganadería cobraba importancia, irían apareciendo una serie de especuladores y traficantes, ajenos al mundo agrario y atraídos por esta saneada fuente de ingresos, que se dedicaban a la comercialización y exportación de ganado. La potenciación de las ferias de ganado, que ya en 1757 superaban la decena en Gipuzkoa, estaban relacionadas con este provechoso negocio. Las ferias regulaban el abastecimiento de carne a la provincia, pero también podían servir de plataforma de concentración del mercado cárnico para beneficio de una serie de traficantes y revendedores.

El campesinado de las zonas excéntricas de la provincia guipuzcoana, colindantes con Araba o Nafarroa, encontraba en ellas su vía de salida, de venta natural de su ganado, vía que fue coartada por los decretos de la diputación. Estos, en principio, pretendían salvaguardar al consumidor interior frente a los especuladores; pero olvidaron la existencia de áreas provinciales marginales que vivían precisamente de la libertad de exportar la carne.

La provincia ya se había visto obligada a tomar medidas semejantes sobre el contrabando de ganado y venta libre del mismo en otras ocasiones: 1695, 1702, 1709, 1712, 1714, 1740, 1741, 1742 y 1752, y no habían suscitado oposición. Sin embargo, en esta ocasión se rompió el inestable equilibrio, porque la medida imposibilitaba al campesino a dar salida a sus productos ganaderos hacia los mercados que les reportaban beneficios saneados. El decreto provocó unos excedentes ganaderos difícilmente absorbibles por la provincia y elevó los costes del ganado acumulado. Otra pulga se cebó en el perro flaco, las duras heladas del invierno de 1754-55, que redujeron la producción de nabo e incrementaron el costo del mantenimiento de una ganadería de por sí excesiva.

En esta coyuntura crítica, los decretos mencionados y la reacción contra ellos, que se localizó inicialmente en Bergara y pueblos inmediatos con la colocación de pasquines, fue el tiro de salida de la algarada.

La negativa a secundar las providencias contenidas en los decretos se expandió a otras localidades que expresaron notoria y públicamente su oposición. Eran poblaciones de los valles del Deba y del Urola, Zegama, Ormaiztegi, Segura, Idiazabal, Ataun, Ordizia y Berastegi, que limitaban al sur con Araba y Nafarroa, a las que se unirían Gatzaga, Eskoriatza, Aretxabaleta y Arrasate, que también colindaban con territorio alavés. Unas y otras defendían su «mercado natural» y exigían la libertad de venta de ganado.

El 21 de marzo de 1755 la diputación reiteraría el cumplimiento del decreto en una misiva remitida a los alcaldes de la zona y otorgaba poderes al corregidor para que interviniese, quien lo hizo el 31 de marzo, apresando a dieciséis cabecillas de la cuenca del alto Deba. La revuelta parecía abortada. Pero a los pocos días, aparecía un «pasquín sedicioso» incitando a la respuesta activa: «...salgan sus abitantes prevenidos de armas de fuego en tumulto para con la violencia usar de la libertad del paso de ganado, y quebrantando la obediencia poner en confusión a toda la Provincia».

Por miedo a un recrudecimiento exasperado del conflicto, las autoridades provinciales decidieron actuar en un doble enfoque: revocar los decretos y permitir la libre venta de ganado, retardando su notificación a los ayuntamientos con el fin de aprovechar el intervalo para castigar a los amotinados. Con este sibilino objetivo, el diputado general, marqués de San Millán, solicitó al capitán general el envío de 150 soldados, cuya intervención no sería finalmente necesaria al retornar la situación rápidamente a una calma definitiva. No obstante, el corregidor logró hacerse con la nómina completa de los culpables, a quienes aplicó multas y confiscaciones, según el grado de participación de los inculpados.

Los protagonistas del motín fueron los pequeños propietarios rurales, arrendatarios y algún pequeño poseedor de mayorazgo, a los que se unió el pueblo sencillo descontento por las medidas de las Juntas Generales. Un encausado, Juan Ibáñez de Aguiriano, resumió sus quejas contra la prohibición: «aquello hera handar contra la sangre de los pobres y que así lo disponían los magnates de esta Provincia sin atender a las obligaciones de los labradores».

Los elementos populares no solo reaccionaban contra las medidas puntuales, sino también, como señala Aguiriano, contra el grupo oligárquico que las hacía posibles por su parcial política económica, derivada de sus propias intereses y reveladora de los antagonismos estructurales. Estos magnates son los notables rurales y las diferentes autoridades que monopolizaban el poder.

La matxinada de 1755 puso de relieve la multiforme realidad provincial guipuzcoana, que no presentaba un mercado unitario ni tampoco una homogénea, equitativa y efectiva participación zonal en los ámbitos provinciales del poder. A este antagonismo le acompañaba otro: el que oponía, unas veces larvada y otras abiertamente, a los grandes propietarios y comerciantes con los pequeños propietarios, campesinos arrendatarios y consumidores en general.

5. La matxinada del libre comercio de granos (1766)

GEOGRÁFICAMENTE, el principal foco del motín se localizó en la zona noroccidental de Gipuzkoa, limítrofe con Bizkaia. Partió de un núcleo inicial, capitaneado por Azkoitia y Azpeitia, y desde este se propagó, en lógica y tridimensional trayectoria, a lo largo del interior del valle del Deba: Elgoibar, Eibar, Arrasate y Soraluze. Cabalgó, a continuación, a lomos de las localidades costeras: Deba, Mutriku, Zumaia, Zestoa, Getaria y Zarautz, y alargó su brazo abarcador por una amplia zona del interior, eminentemente agrícola, no muy alejada del protagonismo de 1755 y centrada en el Goierri: Beasain, Ordizia, Amezketa, Ataun, etc., prolongándose con timidez hasta Hernani, Astigarraga e Irun.

En Bizkaia el teatro insurreccional se representó en un escenario más localizado: las zonas de Ondarroa, Markina y sus aledaños (Berriatua, Ereño y Natxitua), mientras que en Araba solamente Aramaio, próxima a Arrasate, y Agurain y Vitoria-Gasteiz mostrarán leves signos de inquietud.

Los «defensores del orden», que se mostraron férreamente contrarios al posicionamiento insurreccional, se ubicaron en el área de Donostia y su *hinterland* natural, Hernani, Urnieta, Errenteria, Oiartzun e Irun. Este entorno formaba un marco de mercado unitario, caracterizado por las actividades comerciales, de intermediación y también de contrabando, con presencia de grandes mercaderes autóctonos, foráneos de origen francés e, incluso, algún italiano. No es extraño que el siguiente panfleto anónimo, citado por Otazu, aluda a este hecho:

> O señores hermanos de mi alma, con desterrar a Esquilache no se acavan todos los males. Solo aquí en San Sebastián se permiten varios Esquilaches y si a estos no se remedian ya, se condenarán ellos y viviremos nosotros mortificados: Pues qué maiores enemigos o Demonios que los mismos Capitulares de esta Ciudad que en lugar de prober en cinco cuartos el pan nos proben en diez y esto se remedia con traer muchos polvos en las pelucas y galones, y con acudir a la tertulia de Jacinta. O pobreza de Espania, adonde se an arrastrado tus intereses y onores, sino a Francia y a Italia, ellos nos an quitado todo el comercio de San Fernando y de toda esta Provincia...

También las fuerzas vivas, los *jauntxos* de Bergara y Tolosa, centros mercantiles de áreas interiores, se posicionaron en el bando del *statu quo* dominante. Los bergareses se enfrentaron a un grupo amotinado procedente de Elgoibar y por ello recibieron una efusiva felicitación del rey y del Consejo de Castilla. Los tolosarras armaron a los vecinos frente a los rumores de alborotadores provenientes de Albiztur, a la par que, con astuta precaución, tasaron a la baja los precios del trigo y el maíz.

El contexto más inmediato del motín se percibe en el cambio de coyuntura operado a partir de los años 60, especialmente las malas cosechas de los años 63, 64 y 65, que provocaron una espectacular elevación de los precios de los granos, especialmente durante los llamados «meses de soldadura», los primaverales, época en la que se producían normalmente, también en Europa, los motines del hambre o *food riots*. Cabe recordar que la explosión originaria de la Revolución francesa de 1789 se produjo en la estación primaveral, no precisamente debido a que «la primavera, la sangre altera». La escasez en estos meses no solo la provocaban las malas cosechas de años anteriores, sino la actitud especulativa de acaparadores, ávidos de ganancias, que almacenaban los cereales para venderlos en estos meses de precios máximos. Tan alta era la actividad lucrativa que haría exclamar a esta fuente documental del colegio jesuítico de Loiola:

> [...] los pobres oficiales de todas clases apenas alcanzaban con su trabajo para poder comer un poco de pan, o maíz. Subió el trigo a 40 reales la fanega, y la maíz se vendía a 30, y como el jornal diario no pasaba de cuatro, o cinco reales, y muchos de ellos se hallaban cargados de bastante familia, y los años antecedentes havian sido tambien poco felices, llegaron a verse muy apurados.

El elevado incremento de los precios estimuló a su vez la especulación. Esta práctica de los «logreros» –así llamaban a los especuladores– agravaría la situación de escasez y carestía, generando un creciente y profundo malestar que cristalizaría en la matxinada, tras la yuxtaposición de un precipitante catalizador.

El detonante inmediato del conflicto fue servido en bandeja, una vez más, por una real pragmática promulgada el 12 de julio de 1765, que disponía la liberalización del precio del comercio de grano. Este decreto entró en vigor con el plácet de las autoridades forales, contribuyendo esta condescendiente actitud a acentuar la indignación de las clases populares.

La real orden autorizaba en la práctica la extracción o exportación del grano fuera de los municipios o comarcas productoras, sin cortapisa alguna de índole municipal o regional, y modificaba el sistema intervencionista de los poderes locales vigente hasta la fecha por el que estos regulaban el abastecimiento público de grano, basado tradicionalmente en los siguientes principios, característicos de lo que el historiador británico Thompson denomina «economía moral»: fomento de la producción local, control de pesos y medidas, prohibición de extracciones del grano fuera del término municipal hasta que no se garantizase el aprovisionamiento local y fijación o tasación y «trabamiento» de los precios de los artículos de primera necesidad.

En este ambiente de crispación ocurrieron los sucesos de Azkoitia del 14 de abril de 1766, que precipitaron el comienzo del motín. Unas caballerías que extraían grano de la localidad fueron obligadas a descargarlo y a devolver el importe de la venta a los vendedores por parte de los amotinados. El conflicto iniciaba una primera fase, la del tumulto popular, con formación de piquetes que recorrerían los pueblos incitando a la revuelta, a la vez que se decantaba una fase constructiva, con la elaboración de capitulados y reclamaciones, intentando crear cauces más accesibles de participación popular en los órganos locales.

El 15 de abril los amotinados soliviantaron a los azpeitiarras y obligaron al ayuntamiento de la localidad a firmar unas capitulaciones: «Pasaron la noche amenazando, y hablando mucho, y no ejecutando nada de lo que amenazan. Sacaron al primiciero de Azpeitia de su casa en camisa, i no obstante averles disparado una escopeta, que no prendió, no le hicieron mal alguno. Aqui ejercitaron también la paciencia de varios caballeros, pero sin hacerles mal alguno». Se daba la circunstancia de que los caballeros y el ayuntamiento de Azpeitia, cuando se enteraron de la revuelta, reaccionaron de una forma un tanto peculiar: reunieron a los baserritarras y demás trabajadores, les dieron armas y les proporcionaron abundante comida y bebida con el fin de protegerlos contra los revoltosos.

El mismo día los amotinados pasaron a Elgoibar, donde a la mañana siguiente los notables fueron obligados a firmar unas capitulaciones. El 16 la revuelta se extendió a Mutriku y otros pueblos de la zona y el ayuntamiento no tuvo más remedio que firmar unos acuerdos, realmente significativos de las pretensiones de los revoltosos.

A partir del día 18 la insurrección avanzó en un cuádruple frente: hacia las zonas próximas de Bizkaia, por todo el valle del Deba, desde el día 19 hacia Beasain, Ordizia, Ataun, Hernani, Astigarraga e Irun, aunque con escaso éxito en estas tres últimas poblaciones, y el día 20 la fiebre de la rebeldía alcanzaba la costa, obligando a las autoridades de Getaria a sellar unas nuevas capitulaciones. Por tanto, no fue solo una matxinada ubicada en el interior del territorio, sino que también abarcó la costa, como han demostrado Xabier Alberdi y Carlos Rilova (Donostia, 2010).

Pero terminaba la fase impulsiva, empezaba la última: la represión.

A diferencia de otras matxinadas, los amotinados no consiguieron ver logradas sus reivindicaciones, pues las capitulaciones y acuerdos firmados por las autoridades locales se los pasaron después por donde se cruzan los pantalones. Los rebelados, por el contrario, sufrieron duras represalias.

Fueron los *jauntxos,* destacando algunos ilustrados como el conde de Peñaflorida, y la burguesía comercial, sobre todo la donostiarra, quienes asumieron la represión como asunto propio. El alcalde de Donostia, Manuel Arriola, junto al coronel Kindelán, con 300 soldados del regimiento de Irlanda de guarnición en Urgull, comandaron la «milicia urbana» a la que se sumaron vecinos reclutados y pagados de Irun, Oiartzun, Errenteria, Hernani y Urnieta. Sabemos que algunos se negaron a participar en esta mesnada represora. Concretamente, el alcalde de Oiartzun, José Ignacio Zuaznabar incoó un auto de oficio a seis «vecinos que no quisieron armarse, conforma a las órdenes recibidas del Ayuntamiento para hacer frente a los que promovieron el alzamiento llamado machinada y se acercaban al valle» (AMO, Neg. 6, serie I, libro 4, Exp. 2, 1766). Este contingente de intervención inmediata partió el 22 de abril en dirección a Azpeitia, adonde llegaron dos días más tarde sin ninguna oposición. En Loiola detuvieron a 74 oficiales y peones, muchos de ellos gallegos –de ahí que en la zona se conociese durante largo tiempo este motín con el nombre de «matxinada de los gallegos»– que trabajaban en la construcción del colegio de la compañía. A estos detenidos iniciales se sumarían otros procedentes de toda la provincia hasta completar la cifra de 300.

Los procesos contra los encausados serían substanciados por el corregidor Barreda y el alcalde donostiarra, Arriola, jueces nombrados al efecto por el Consejo de Castilla, de forma sumarísima y expeditiva. Se dictaron varias penas de muerte –no ejecutadas– y numerosas sentencias condenatorias: multas, confiscaciones de bienes, destierro, prisión y galeras.

Además de estas medidas de corte estrictamente represivo, la Diputación de Gipuzkoa dictó el 13 de mayo diez artículos de carácter político, entre los que destacaban: la anulación de la tasa de granos, la negación de todas las capitulaciones firmadas a la fuerza y la prohibición de celebrar cualquier ayuntamiento, no admitiendo en él «a sujeto alguno en quien no concurran las cualidades exigidas por el Fuero. A saber, que se hallen en posesión de su Hidalguía y tengan los millares prevenidos por las Ordenanzas».

La única contrapartida concedida a los amotinados fue la creación de los «diputados y personeros del Común», cargos municipales de elección popular con funciones de control y vigilancia en materia de consumo y abastos. Su labor resultaría puramente testimonial e inoperante en la defensa de los intereses de las clases populares, pues los municipios seguirían manejados por los clanes oligárquicos locales.

La tipología de los levantiscos protagonistas es similar a la de las matxinadas precedentes. Los amotinados se reclutaron entre los campesinos, artesanos y pescadores, es decir, clases populares y consumidores en general, los directamente perjudicados por el incremento de los precios, en gran medida derivado de la supresión de la tasa y la liberalización de los granos.

En el bando opuesto, los amotinados dirigirán su animosidad contra cuatro sectores sociales:

- Los notables rurales, grandes propietarios y perceptores de rentas, a lo que se unía con frecuencia su condición de patronos laicos de iglesias y, por tanto, también perceptores de diezmos. Estos notables, además, fomentaban la especulación, almacenando el grano y resistiéndose a venderlo hasta que este alcanzaba altos precios, normalmente durante los meses de soldadura (marzo-abril-mayo). No debe extrañar que la mayoría de los motines preindustriales estallen precisamente durante esos meses citados.
- Las autoridades municipales, que no ofrecieron resistencia a la pragmática, acataron la supresión de sus competencias en la tasación de granos, se descuidaron en el aprovisionamiento y no intervinieron en la regulación de los abastos.
- La burguesía comercial, especialmente los comerciantes de granos por sus prácticas especulativas. Para inflar artificialmente el precio del grano no dudaron, incluso, en obstaculizar su importación o favorecer la exportación del poco grano que producía el país.

- El clero regular y secular, en su calidad de perceptor de diezmos y prestatarios de servicios de culto, cuyas tasas y derechos eran considerados excesivos. El posicionamiento del clero regular, sin embargo, no fue unitario. Mientras los franciscanos de Arantzazu se mantuvieron al margen de la revuelta e, incluso, negaron la acogida a un grupo de insurrectos en el santuario, los jesuitas de Loiola se convirtieron en valedores de los canteros que trabajaban en el santuario, denunciando su situación y cobijándolos bajo la inmunidad de lugar sagrado. Esta postura será esgrimida por el fiscal Campomanes en su informe como argumento para su expulsión al año siguiente, 1767. De todas formas, el posicionamiento jesuítico en el motín no estaría muy alejado de su enfrentamiento con la política regalista preconizada por el Gobierno y del enfrentamiento por la hegemonía en el valle del Deba entre los jesuitas y la minoría ilustrada. A pesar de los intentos del padre Idiakez de negar responsabilidades en el motín, varios jesuitas, como el famoso predicador padre Calatayud, sufrirían represalias. Este hecho, así como alguna otra pretendida interferencia del padre Isidro López en los sucesos de marzo en Madrid, conocidos como el motín de Esquilache, sería uno de los pretextos para la expulsión de los jesuitas en 1767 (sobre este aspecto es recomendable leer el estudio del historiador José Luis Orella Unzué, *Historia del Pueblo Vaco en la Ilustración*, edición de autor, San Sebastián, 2018).

El recelo y las quejas contra el clero secular se plasmaron nítidamente en las capitulaciones firmadas por el clero mutrikuarra o en la carta redactada en Arrasate el 25 de abril, que seguidamente analizaremos en las reivindicaciones.

El contenido de las reivindicaciones no fue homogéneo ni cronológica, ni geográfica ni temáticamente, sino que progresó y sufrió desviaciones e intensidades conforme avanzaba el motín en tiempo y espacio.

Las capitulaciones de Azpeitia, en la fase inicial de la revuelta, guardaban una estrecha relación con la causalidad inmediata del alboroto, la carestía de la vida y la especulación de los granos, y se pueden sintetizar en cinco peticiones:

- Igualación de todas las pesas de alhóndigas y ferrerías.
- Administración de la primicia por la villa (la primicia era el primer fruto de la cosecha que, junto a los diezmos, normalmente se entregaban a la iglesia, aunque en muchos casos los cobraban patronos laicos).
- Venta del aguardiente, mistela (normalmente, una bebida con mezcla de aguardiente, agua, azúcar y otros ingredientes), aceite y abadejo como antiguamente, tanto en Azpeitia como en Urrestilla.
- No extracción del grano de la cosecha de la villa.
- Libre tala del árgoma (tojo, *otea* en euskera) en la jurisdicción de la villa para abono de las tierras.

Las exigencias revelaban un panorama amplio en el descontento: precio de los granos, aprovechamiento de los montes comunales, venta libre de algunos productos y problema de las medidas y primicias.

Las capitulaciones de Mutriku incluían reclamaciones más recias e implicaban un paso adelante en la comprensión global del conflicto. Incidían más en el protagonismo clerical y en sus abusos sociales. El contenido de las exigencias era más extenso e intenso:

- Rebaja del precio de los granos.
- Reducción de la medida de los cereales.
- Prohibición de que los eclesiásticos cobrasen derechos por la administración de los sacramentos.

- No subasta de la primicia.
- No contribución con el diezmo de la castaña concejil ni del ganado de cerda.
- No posesión por parte de ningún clérigo de dos capellanías.
- Percepción exclusiva para el párroco de ocho reales, a título de proclamas y asistencia al matrimonio.
- Obligación de los clérigos de salir a «agonizar» (atender a los agonizantes), por semana, a cualquier hora del día o de la noche.

La carta de Arrasate, más tardía, fechada ya el 25 de abril, recogía algunos puntos de las capitulaciones mutrikuarras y reforzaba, a veces de manera harto socarrona, popular y «castrante», las exigencias, convirtiéndose en insólitos garantes de la moral pública:

> Que no se pague el diezmo de la castaña y manzana, que del trigo y maíz se aparte primero lo que se siembra, que los clérigos no salgan de casa despues del Ave María, que si algún Clérigo caiese en pecado de fragilidad, le capen a la tercera públicamente, y han hecho firmar estte capitulo a los Clérigos de Deva. Que la moza que cayese una bez, solo se le den 30 ducados a la segunda nada, y a la tercera a Zaragoza. Que al que tiene dos capellanías, se le quite una...

Es interesante señalar en esta machinada un aspecto que subrayó en su día el maestro de historiadores, Pierre Vilar: la influencia del miedo, el *Grand Peur* (un movimiento popular campesino de miedo colectivo que se desarrolló en Francia entre el 20 de julio y el 6 de agosto de 1789), del rumor del terror y del contagio encadenado:

> Los acontecimientos de Guipúzcoa (de 1766) recuerdan más a la Guerra de las Harinas o al Gran Miedo, por su

> carácter rural, por su aspecto epidémico –«en cadena»– y en último lugar por los problemas de clase que se plantean, más característicos esta vez de las profundas contradicciones entre campesinos pobres y diezmeros, entre estructuras municipales y exigencias populares. Su mecanismo fue el siguiente: iniciado por los obreros del monasterio de Loyola, se unen a pobres de las localidades de Azcoitia y Azpeitia en demanda de pan barato; van de un pueblo a otro buscándolo; las autoridades municipales se informan entre sí sobre las bandas en camino y se suministran refuerzos y emisarios, dando el toque de alarma contra las bandas venidas de pueblos vecinos. Ahora bien, el pueblo vecino se ha sublevado por noticias análogas. Es, sin duda alguna, el modelo del Gran Miedo. Aquí no se habla de «bandoleros». Más bien de «machines», de amotinados que actúan en bandas y que, visiblemente, se consideran como comunidades en marcha, representativas de «repúblicas» donde se han apoderado del poder, y decididas a imponer a las «repúblicas» vecinas las medidas de salud pública que ellas mismas habían adoptado (pp. 237-238).

En resumen, en esta matxinada se detecta una reivindicación prioritaria, la oposición decidida al excesivo precio del grano y a su liberalización de precio y comercio, a la que se sumarán una serie de reivindicaciones «menores», aunque no por ello menos significativas del estado de malestar estructural, entre las que destacarían las siguientes: ampliación de la autorización para el aprovechamiento de los comunales, regulación de los diezmos y servicios eclesiásticos, restablecimiento de la moral pública tradicional y participación popular en los órganos de gobierno.

6.
Las asonadas femeninas en Lapurdi (1773, 1782 y 1784)

ENTRE LOS PRIVILEGIOS LABORTANOS figuraba el de la exención de impuestos al tabaco, además de la posibilidad de cultivarlo libremente para el propio consumo. En base a ello existía en las poblaciones fronterizas un importante contrabando de este producto. El tabaco se elaboraba en un molino de Haltsu y se distribuía desde los pueblos fronterizos. En 1773 el Estado intentó implantar el monopolio o estanco del tabaco, ya existente en Estado español, como medio de evitar el fraude. Pero los pueblos afectados (Sara, Itsasu, Zuraide, Hatsu) respondieron con una sonada revuelta, protagonizada primordialmente por las mujeres de estas localidades, que lograron la paralización del estanco y la prosecución del contrabando con la vitalidad acostumbrada.

El 1 de junio 1782 estalló el conocido como motín de Mendiondo, de carácter espontáneo y antifiscal, con motivo de la captura de unas mercancías de contrabando por parte de los funcionarios de *La Ferme* (Hacienda) a una mujer que las introducía desde Nafarroa a Hazparne, un tráfico continuo y sin controles de aduanas. Una multitud enfervorizada obligó a retirarse a los funcionarios. El 2 de junio se reanimó el tumulto, uniéndose otros pueblos con el fin de suprimir el derecho a no pagar en las ferias. El 3 de junio se renovó el motín, con gruesos ataques verbales, y el día 4 fue asaltada la sede de *La Ferme* por una muchedumbre enfervorizada, más de 100 mujeres y 300 hombres, que lograron la entrega de los documentos donde se recogía la abolición del derecho a pagar en las ferias, con lo que los amotinados se dieron por satisfechos.

La algarada de 1784 cabe achacarla a las disposiciones reales sobre la exclusión de la zona franca del territorio labortano al oeste del río Nive, que hasta entonces gozaba de la misma franquicia que el resto del país. El intento de implantación de las aduanillas, que dividían fiscalmente Lapurdi, y las Cartas Patentes que fijaban la nueva situación, fue violentamente repudiado por las localidades sitas en el entorno de Hazparne.

El intendente de Guyena, Neville, y el teniente del rey en Baiona, marqués de Cupenne, se dirigieron a la citada localidad con 150 granaderos y cinco brigadas para imponer la orden fiscal por la fuerza. Pero se encontraron con una muchedumbre femenina encolerizada que se les enfrentó, provocando un serio dilema: retirarse o masacrarla. Prudentemente, las tropas optaron por la retirada, pero procediendo a las consabidas represalias, concretadas en detenciones y en ocupación militar de la comarca. La intermediación del cura de Hazparne consiguió evitar severos castigos, aunque el campanario de su iglesia fue demolido como represalia por el toque a rebato de sus campanas para congregar a las vecinas el día de la asonada. También fueron requisadas las armas de todo el territorio, que ascendieron a varios miles.

7.
La insumisión de los oiartzuarras (1793)

MERECE LA PENA UNA BREVE NARRACIÓN de este motín, porque supondría el primer intento conocido de insumisión en tiempo de guerra, no tanto de deserciones, numerosas en esta época. Ello conllevaba una notable agravante por tratarse de una insumisión colectiva en plena contienda bélica, que podía servir de posible ejemplo contagioso a otras actitudes semejantes, como la misiva del marqués de Narros deja traslucir.

El valle de Oiartzun había suministrado 100 hombres al ejército foral, pagándoles tres reales diarios de vellón a cargo de la caja de guerra de la provincia. Además del abono del prest o haber diario del soldado a cotizar por la Hacienda Real.

El 29 de junio de 1793, cuando todavía el ejército convencional galo no había entrado en territorio guipuzcoano, aunque se habían producido algunas escaramuzas, el coronel general de ejército foral, marqués de Narros, enviaba una carta desde Irun a las Juntas Generales, reunidas en Errenteria, en la que textualmente decía:

> D. José Ignacio Sorondo, Capitán de la Companía de Oyarzun acaba de presentarseme á hacerme saber, que los

> soldados de su compañía están yá con las Armas en las manos, y alborotados con el pretexto de haber cumplido oy dos meses de Servicio, y por mas esfuerzos que ha practicado, no ha podido conseguir aquietarlos, y hacerse respetar. Le hé encargado, que pide en mi nombre que se detengan hasta mañana, y no se si lo habrá conseguido.

Añadía el marqués de Narros, don Joaquín de Eguía, que era su obligación informar a la Junta General, reunida en Errenteria, sobre este grave incidente y solicitaba le comunicasen qué conducta debía adoptar respecto a estos amotinados, «así como con los demás que sucesivamente vayan manifestando semejantes pretensiones».

La junta recibió «con horror» la relación del suceso, «que le ha dejado penetrada del más vivo sentimiento» y «deseando atajar en sus principios un exemplar, que puede producir funestas conseqüencias, y acreditar en esta ocasión su Zelo, y amor al Real Servicio», acordó responder al marqués de Narros, agradeciéndole «con especial gratitud» el haber comunicado con puntualidad la noticia. Decidió encargar al marqués:

1. Averiguar qué sujetos de la compañía de soldados de Oiartzun habían sido los autores del incidente.
2. Imponer a los insumisos, «con su acostumbrada prudencia», los castigos pertinentes según la culpabilidad resultante.
3. Actuar con discreción para evitar las consecuencias que pudieran derivarse del delito cometido.
4. Procurar que quedara a salvo el merecido concepto del «mui especial pundonor y fidelidad de la Provincia».

El incidente no debió pasar de un estado embrionario de protesta, pues acerca de él nunca más se supo. Sin embargo, revela un estado indiciario de descontento larvado frente a la situación.

8. El alboroto de Vitoria-Gasteiz contra Módenes (1803)

DE LA FAMILIA, FORMACIÓN E INICIOS del extremeño Juan Módenes, personaje relevante en este tumulto, casi no conocemos nada. Fue gobernador subdelegado de rentas y aduanas de Cantabria, con sede en Vitoria-Gasteiz en los momentos del conflicto, 1803. Al año siguiente fue nombrado intendente de la provincia de Palencia, ascendiendo a intendente de la de Ciudad Real en 1807. Con motivo de los acontecimientos de 1808 fue elegido presidente de la junta de armamento y defensa de la ciudad, que hubo de abandonar cuando fue ocupada por los franceses en marzo de 1809. Se refugió en Andalucía y no volvió a tener destino durante la guerra. Más tarde aparece nombrado intendente de León en 1814, de la provincia de Córdoba en 1815, del ejército y reino de Galicia en 1815, de la provincia de Granada en 1819 y del ejército de Andalucía en 1823. Se jubiló en 1841 y en 1856 se decía que había fallecido «hace algunos años». Estos son los datos que he podido recabar en dos fuentes[1].

---

1. Fuentes y bibliografía: Archivo General Militar, M 3399; Archivo General de Simancas, *Dirección General del Tesoro*, invent. 24, leg. 268; invent. 25, leg. 19. F. Abbad y D. Ozanam, *Les intendants espagnols du XVIIIE siècle*, Madrid, Casa de Velázquez, 1992.

Sin embargo, si podemos afirmar que era en 1803 un funcionario extremadamente celoso y muy riguroso en la aplicación de normas y reglamentos.

Durante el siglo XVIII, especialmente tras el traslado de las aduanas a la costa en 1717 y su retorno a sus lugares originarios, se promulgaron diferentes capitulados y reglamentos en 1723, 1748 y 1803 para solucionar las competencias de jurisdicción que a la hora de reprimir los delitos de contrabando habían ido surgiendo entre el gobernador subdelegado y los alcaldes ordinarios y también para tratar sobre la administración del ramo del tabaco. Los trece artículos del capitulado de 1803 restringían las libertades de comercio y de circulación monetaria de Araba y patentizaban el deterioro foral en el que el País Vasco estaba inmerso. En el capitulado se vería reforzada la autoridad del gobernador subdelegado, funcionario real, y quebrantada la del diputado general. Por ello, los artículos del capitulado no fueron cumplidos en primera instancia y además fueron protestados por la Diputación y la junta particular ante el rey Carlos IV y su secretario de Estado, bajo el nítido argumento de su antiforalidad.

Pero el gobernador subdelegado de rentas, Juan de Módenes, puso en práctica, de forma harto tajante, la nueva disposición y encarceló a tres vecinos de la calle de Herrería, acusándolos de contrabandistas. El hecho concreto origen de la protesta consistió en que los guardas de las rentas del subdelegado decidieron registrar la tienda de Francisco de Ormiluge, vecino de la Herrería, por sospechas de que almacenaba géneros de contrabando. Un empleado fue conducido a la cárcel. El resto del vecindario, muchos de ellos comerciantes, creyeron que continuarían los registros. Según un informe de la época, «por lo cual comenzaron a quejarse y levantar la voz, especialmente las mujeres, que como eran muchas y las acompañaban algunos hombres y muchachos, causaban bastante ruido, al cual concurrieron las gentes de la plaza y otras partes, de modo que en poco tiempo, se juntaron muchísimas y se redujo todo a una gritería confusa en que solo se percibían quejas contra los guardias». La algarada subió de tono y una multitud airada, profiriendo gritos amenazadores, se dirigió a la casa del gobernador. La intercesión de las autoridades locales aplacó los ánimos, cuando ya los alborotadores habían derribado parte de la casa del susodicho. Calmado el tumulto, siguió una tensa negociación entre Godoy y las autoridades provinciales, que intentaban evitar la aplicación de la nueva normativa y un articulado en el que se contemplaba la introducción de la figura del corregidor. El impopular Módenes sería sustituido, pero Godoy, muy mosqueado frente a la foralidad, especialmente con el tema de la rendición de Donostia y la propuesta guipuzcoana de una república independiente durante la guerra de Convención, permanecería firme en el mantenimiento de las normas antiforales.

De nuevo apareció el protagonismo femenino como en las anteriores algaradas de Lapurdi y el control del contrabando del tabaco, el gran inductor del tumulto, en contravención de la normativa foral del libre comercio, contrabando que complementaba la magra economía doméstica de las clases populares vitorianas y alavesas.

En resumen, y a modo de conclusión final sobre las matxinadas, dos breves consideraciones sintéticas podrían contribuir a una mejor comprensión del meollo de la conflictividad vasca del Antiguo Régimen y su tránsito.

Por un lado, las matxinadas fueron rebeliones populares coyunturales que mostraban la manifestación externa de los desajustes estructurales de la sociedad. En la mayoría los objetivos transcendían, por tanto, los límites fronterizos de las reivindicaciones primarias, relacionadas con la subsistencia, para elevarse a un conjunto más amplio de demandas vinculadas a sus necesidades más vitales y sus anhelos más sentidos. Pero no son, en general, el resultado de una actitud reflexiva y organizada ni de la intención firme de transformar radicalmente el orden social establecido.

Por otro lado, aunque no surgieron primordial y únicamente en defensa del Fuero, tampoco puede negarse en ellas un fuerte e intenso componente foral, porque el Fuero era estimado por las clases populares, especialmente en su vertiente económico-fiscal, como garantía de sus condiciones de existencia y subsistencia. Pero también era percibido genéricamente como un ordenamiento representativo del orden tradicional y de la economía moral en un momento en que era subvertido no solo por las disposiciones de la Corte, sino también por los notables locales que supeditaban los intereses generales a los suyos particulares.

V.
El brumoso tránsito del antiguo régimen: la revolución aparece

1.
Atrio contextualizador

EL TRÁNSITO DEL ANTIGUO RÉGIMEN a una sociedad liberal-burguesa supuso la quiebra y definitiva liquidación del feudalismo desarrollado y la implantación de un modelo de organización social inspirado en los principios del liberalismo.

La transición se sitúa cronológicamente entre el último tercio del siglo XVIII y la primera mitad del siglo XIX, aunque algunos historiadores la estiren hasta 1875. Las coordenadas ambivalentes del binomio «revolución-reacción» cubrieron con la espesa sombra de su manto este largo período, en el que lógicamente se alternaron fases de ralentización y resistencia al cambio (el sexenio absolutista o la década ominosa durante el reinado de Fernando VII) con ciclos de aceleración y apertura a las transformaciones burguesas (guerra e invasión napoleónica, trienio liberal o gobiernos progresistas).

El régimen liberal burgués se fundamentaba en las siguientes bases teóricas, que conllevaban, evidentemente, consecuencias prácticas:

1. Igualdad jurídica y eliminación de los privilegios feudales y fiscales.
2. Sistema político de índole liberal-constitucional.

3. Unidad político-institucional y económica de la monarquía, que se traducía en dos realidades. La primera, la aplicación de principios centralizadores por parte de un Estado de vocación uniformista, que implicaba la desaparición del régimen foral tradicional. Y la segunda, la integración del País Vasco en la unidad del mercado nacional español con la subsiguiente supresión de las barreras aduaneras.
4. Liberalización del régimen de propiedad y de las relaciones de producción agraria, que suponía en la abolición de los señoríos y de la propiedad feudal de la tierra, la eliminación de los derechos señoriales y del diezmo, la desamortización de la propiedad civil y eclesiástica y la libertad de precios y arrendamientos.

Este tránsito se desarrolló en un contexto de grave crisis económica y fuertes tensiones sociales, que le confirieron un carácter conflictivo y traumático, no exento de manifestaciones violentas. Fue una crisis económica generalizada, que afectó a todos los sectores.

En la agricultura, los indicadores de fines del siglo xviii manifestaban que tanto la producción como los rendimientos habían llegado a un techo. Resultaba ya económicamente impracticable el recurso a la típica extensión de cultivos y puesta en explotación de nuevas tierras. A esta situación negativa se añadieron factores inmediatos que enconarían la crisis, tales como la reiteración de los conflictos bélicos o el incremento de la presión fiscal.

La industria no se mantenía ajena al tenebroso y desalentador panorama del conjunto de la economía y tenía dos expresiones. Por un lado, la recesión de un sector clave y estratégico en la economía vasca, la siderurgia, a causa de la pérdida de los mercados europeos debido a la falta de competitividad del hierro vasco por su atraso tecnológico y otras causas, la caída de demanda colonial en virtud de la rebelión e independencia de las colonias y la contracción del mercado español, proveniente del fin del prohibicionismo a la importación de productos europeos, la imposición de derechos arancelarios al hierro vasco y la competencia de una incipiente siderurgia andaluza. Por otro lado, los imponderables derivados de la competencia de los productos industriales extranjeros, que penetraban en territorio vasco libres de derechos o con mínimas tarifas.

La crisis de la actividad comercial procedía de varios factores incidenciales: liberalización del comercio con América, no habilitación de los puertos vascos para el tráfico colonial, la pérdida de las colonias, la crisis exportadora de bienes y productos siderúrgicos, pérdida del mercado lanero a raíz de la sustitución de la lana castellana por lanas europeas en el tráfico internacional y el progresivo desplazamiento del tráfico comercial de Castilla desde el puerto de Bilbo al de Santander.

La quiebra de las haciendas locales, que se sumó a la recesión económica, hundía sus raíces en los conflictos bélicos. Los enfrentamientos bélicos, además de multiplicar las exigencias de las clases productoras, arruinaron las haciendas locales, que se vieron obligadas a recurrir al endeudamiento como medio para hacer frente a las sucesivas contribuciones y empréstitos forzosos, gravados por los diferentes contendientes. Para pagar las deudas, las haciendas locales arbitrarán un medio a su alcance: la enajenación del patrimonio concejil, especialmente de los comunales –abiertos a la libre explotación vecinal–, factor que provocará una alta tensión en la sociedad vasca, además de los repartimientos o derramas contributivas entre el vecindario.

El incremento de la tensión e inestabilidad social se derivaba de la propia estratificación de la sociedad vasca y del deterioro de las condiciones de vida del campesinado.

La proliferación de arrendamientos, la concentración de la propiedad en unas pocas manos, la elitización de la política, que se traducía en una severa fractura entre las clases populares y la representación política fueron otros tantos factores de desequilibrio de las relaciones sociales. Las desastrosas consecuencias derivadas de los continuados conflictos bélicos, especialmente nefastas para las clases productoras en general y el mundo rural en particular, proyectarían un haz tensional más fuerte sobre la sociedad vasca.

La financiación de los conflictos bélicos, además de la quiebra de las haciendas locales, empeorará irreversiblemente las condiciones vitales del campesinado. Este se enfrentará a una presión tributaria asfixiante (impuestos en metálico y suministros en especie), a todo tipo de requisas, exacciones violentas, saqueos indiscriminados y gravísimos perjuicios derivados de la enajenación del patrimonio municipal, especialmente la imposibilidad de utilizar los terrenos comunales, muchos de ellos vendidos y privatizados, complemento imprescindible en épocas de crisis.

El malestar campesino latirá en las manifestaciones violentas de la transición del Antiguo Régimen. La conflictividad y tensión global tendrán su expresión virulenta en los conflictos bélicos que jalonaron el largo período de transición: la guerra de la Convención, la guerra napoleónica, las carlistadas, las desamortizaciones, etc. Todas ellas son manifestaciones violentas y profundas en las que se dirimieron problemas de índole social.

En el País Vasco la transición adquirió una dinámica propia y adicional por dos causas: la vigencia del régimen foral y la centralidad que la cuestión foral ejercía en la sociedad vasca de fines del siglo XVIII y principios del siglo XIX, en virtud de dos razones. En primer lugar, era el período en el que la política uniformista y centralizadora de los borbones amenazaba la supervivencia del régimen foral y como reacción en la sociedad vasca se generó un sentimiento colectivo de hipersensibilización foral, alimentado por la controversia entre los partidarios de mantener el sistema vigente y los partidarios de suprimirlo o adecuarlo al nuevo estado liberal. En segundo lugar, el tránsito se produjo, como ya hemos analizado, en un clima de crisis económica y de tensión social.

Desde 1700 reinaba en España la dinastía borbónica, que, procedente de Francia, estaba impregnada del centralismo galo, ideología que heredarían los monarcas hispanos, así como también en su momento los jacobinos revolucionarios franceses.

La supeditación de la monarquía borbónica española a la Corona francesa fue evidente, como revelan fehacientemente los sucesivos pactos de familia, suscritos durante el siglo XVIII. Esta trayectoria solamente se rompería en 1719 y, sobre todo, durante el período revolucionario, originando la guerra de la Convención (1793-95), en la que la monarquía borbónica hispana se alió a otras europeas por miedo al contagio revolucionario y a la defenestración de tales monarquías, a semejanza de lo ocurrido a Luis XVI. Pero superadas las fases más radicales de la revolución y reconducido el proceso hacia la senda del moderantismo, especialmente con la asunción del poder por parte de Napoleón, la Corona española, dirigida por el valido Godoy, retornaría a las alianzas con Francia, tal y como demuestra el tercer tratado de San Ildefonso de 1796, el tratado de Amiens de 1802 y el posterior de Fontenaibleau de 1808. Esta política implicaba ineludiblemente el enfrentamiento con Inglaterra, la gran potencia mundial naval, consolidada desde el tratado de Utrecht de 1713-14, convenio internacional nefasto para los intereses pesqueros vascos en el norte de Europa.

Durante este período se produjeron dos confrontaciones con especial participación gala (1793-95 y 1808-1814), pero también con la implicación de otros dos imperialismos, el británico y el hispano. En ambas contiendas Gipuzkoa fue teatro de operaciones bélicas, porque ocupaba un territorio de alto valor geoestratégico, logístico y económico.

En resumen, Gipuzkoa y el resto de Euskal Herria fueron víctimas propiciatorias e involuntarias pacientes, atrapadas entre los intereses de tres imperialismos europeos: el triunfante británico, el emergente galo y el decadente hispano.

La primera confrontación se produjo bruscamente durante la guerra de la Convención francesa, entre 1793 y 1795, una guerra franco-hispana pero también una contienda en la que se dirimían las contradicciones entre el régimen liberal emergente y el entramado foral tradicional, como lo demuestran las dos facciones internas en que se dividió el territorio histórico de Gipuzkoa, preludio anunciador del enfrentamiento carlista.

2.
La guerra de la Convención (1793-95): fuero y revolución

EN 1789 ESTALLÓ LA REVOLUCIÓN FRANCESA. El País Vasco –sobre todo Gipuzkoa– se vería inundado de folletos revolucionarios y periódicos franceses, que relataban los avatares de los Estados Generales, de la Asamblea Nacional, de la constitución civil del clero, etc. La Inquisición alertaba contra la penetración de las ideas revolucionarias y liberales y los afanes expansionistas de los revolucionarios franceses.

En 1793 las tensiones generadas por la revolución, que siempre habían sido vistas con recelo por parte de la monarquía española, alcanzaron la cima conflictiva con la ejecución en la guillotina del rey Luis XVI y más tarde su esposa, María Antonieta. Las dinastías europeas declararon la guerra a la Convención Nacional, que en ese momento gobernaba la República francesa.

La contienda afectaría directamente al País Vasco, tanto continental como peninsular. Una parte importante del territorio vasco sería ocupado por las tropas convencionales francesas y administrado directamente por una potencia extranjera.

Para hacer frente a las tropas galas se estableció una estrategia global con tres cuerpos expedicionarios: uno en la frontera de Gipuzkoa y Nafarroa, al mando del general Caro Ventura, con unos 18.000 hombres; otro en Aragón, de 5.000 soldados, a las órdenes del príncipe de Castelfranco; y el tercero en Cataluña, dotado de 32.000 combatientes, bajo las órdenes del general Ricardos.

La contribución foral vasca a la guerra en dinero y soldados, a pesar de las afirmaciones de cierta historiografía interesada en minimizarla, fue importante, si tenemos en cuenta que solamente pertenecían al ejército regular español alrededor de 8.000 soldados en el frente vasco.

El viejo reino foral navarro contribuyó militarmente con unos contingentes nada despreciables. En 1793 aportó dos batallones de voluntarios, al año siguiente las tropas navarras alcanzaban los 16.000 hombres y en julio de 1795 la leva general rondaba los 25.000.

Esta considerable contribución económica y humana a costa de las haciendas vasconavarras no fue regateada por las autoridades forales, en concordancia con las responsabilidades contenidas en la textualidad pactada. Pero la autoridad regia hispana pretendía soslayar la práctica foral, pretextando la emergencia de la coyuntura bélica. En 1794 el rey solicitaba 555 guipuzcoanos para integrarlos en el ejército regular y la real armada exigía 1.007 hombres de la misma provincia, demandas que Gipuzkoa se negó a cumplir con sólidas razones jurídicas y factuales, a pesar de las amenazas regias. La forma de incorporación de las tropas forales a los ejércitos regulares españoles, la convivencia con soldados españoles y el lógico espíritu localista de los combatientes vascos fueron los permanentes puntos de fricción. Los tercios forales deseaban ardientemente ser dirigidos por jefes naturales de país, evitando la integración en la tropa foránea, y reducían al combate a la defensa del territorio provincial. Guipuzcoanos y navarros se negaron a penetrar en territorio vasco, integrado en el

Estado francés, e incluso guipuzcoanos hernaniarras retrocedieron en la lid al percatarse de que se hallaban en tierra navarra en el camino de Goizueta.

El reclutamiento foral en Gipuzkoa se efectuó según tres modalidades.

1. El ejército foral, evidentemente sufragado por la provincia, estaba compuesto por 4.600 hombres casaderos, formados en tercios, al mando del coronel general, Joaquín M.ª de Eguía y Aguirre, marqués de Narros (Azkoitia, 1760-Vitoria-Gasteiz, 1802). Tan pronto llegó el requerimiento regio a la provincia en febrero de 1793, la Diputación se encargó de organizar este reclutamiento militar.

2. El segundo contingente, un batallón especializado y selecto de 750 hombres, costeado por los municipios, bajo la dirección de los comandantes Juan Carlos de Aréizaga Alduncín (Hondarribia, 1756-Tolosa, 1820) y Gabriel María de Mendizabal Iraeta (Bergara, 1769-Madrid, 1838), fue creado por las Juntas de Errenteria a raíz de la prolongación de la campaña y de la aparición de diferencias entre el general Caro y algún tercio del ejército foral. Las Juntas Generales, reunidas en Errenteria el 24 de julio de 1793 (registro, p. 164), acordaron suministrar a cada integrante «vestuario azul» y «divisa encarnada», «botín de paño negro», dos camisas, tres pares de calcetas, dos pares de zapatos con botón o lazo, un pañuelo de cuello, un sombrero redondo con ala levantada, con su escarapela de pelo o estambre, una canana «con los cañutos en hoja de lata a fin de que el cartucho no se estropee ni perciva humedad», un morral de lienzo fuerte y sables y capote para los sargentos y cabos.

3. La tercera fórmula se habilitaba en casos de emergencia y consistía en el levantamiento general o «generala», llamada guipuzcoana de «padre por hijo» o navarra «a la voz de apellido». Hubo necesidad imperiosa de acudir a

este procedimiento en julio de 1794 en Gipuzkoa y en el mismo mes de 1795 en Nafarroa.

El ejército revolucionario galo era realmente potente, aunque en sus inicios sus soldados parecían unos desarrapados, según algún testimonio de la época. Los revolucionarios pronto lograron crear un auténtico ejército y una verdadera maquinaria bélica, al dotarla de una auténtica mística de la «nación en armas», en la que se identificaba fe revolucionaria con patriotismo francés y violencia con defensa de la libertad, tal y como señalaba Marat. Primero con voluntarios y más tarde con la leva en masa, que consideraba el servicio militar obligatorio como el máximo símbolo de patriotismo, se organizó un poderoso ejército bajo la promoción del comité de salvación pública y los «representantes en misión», dotados de gran autonomía y poderes, sobre todo en lo referente a la organización de los ejércitos departamentales en las áreas próximas a la guerra. Garrau, Pinet y Cavaignac, los tres representantes convencionales, serían los encargados de esta tarea en la frontera franco-española, cumpliéndola con gran efectividad.

La armada revolucionaria contaba con 40 batallones y alrededor de 60.000 hombres, ideológicamente motivados e imbuidos de espíritu revolucionario, con cuadros militares profesionales, divididos en tres cuerpos de ejército, y mejor equipados y preparados que los 20.000 soldados del ejército real, al mando del general en jefe Ventura Caro, en el que se hallaban también encuadrados los contingentes forales.

La guerra fue declarada el 7 de marzo de 1793. El desarrollo de la campaña bélica duró dos años y, narrado con brevedad, fue el siguiente.

La campaña de 1793 apenas afectó al País Vasco, reduciéndose la actividad bélica a una serie de escaramuzas durante el benigno invierno de 1793-94. Pero el 23 de julio de 1794 el ejército galo atacó contundentemente por dos puntos estratégicamente importantes: Erratzu y Baztan. El día 25 dominaba completamente el valle de Baztan, el 26 conquistaba Bera y avanzaba hacia Oiartzun y Hondarribia, que se rendía el 2 de agosto, y dos días más tarde, el 4 de agosto, capitulaba sin resistencia Donostia. El ejército real, ya bajo el mando del general Colomera, se retiraba en desbandada hacia Tolosa con el fin de consolidar una línea de defensa. Mas la villa foral del Oria caía el 9 de agosto. El frente quedaba estacionado en el norte de Nafarroa y en el río Deba. La cuenca del Urola se convertía en una especie de tierra de nadie, aprisionada entre la línea francesa situada en el río Oria y el frente real ubicado en el río Deba.

Comenzarían las acusaciones de infidelidad por parte de Godoy contra Donostia, por su rendición sin ofrecer resistencia, y contra la propia provincia, que, mediante las indicaciones de la junta de Getaria, reunida el 14 de agosto, iniciaba negociaciones con el francés. Estas acusaciones se basaban en los informes de su delegado, Zamora, un feroz antivasquista.

Por otro lado, la junta particular de Arrasate, convocada el 1 de setiembre con presencia de delegados de dieciocho villas, decidía organizar la resistencia, solicitando la ayuda de las provincias hermanas de Araba y Bizkaia y allegando fondos económicos (sin excluir los bienes eclesiásticos), frumentarios y armamentísticos.

La campaña de 1795 confirmó la superioridad militar francesa. Los convencionales conquistaron en pocos meses un amplio territorio. Iruñea consiguió resistir, pero no así Gasteiz. Los galos lograban su objetivo: llegar al Ebro. Pero la guerra tocaba a su fin con la firma de la paz de Basilea el 22 de julio de 1795, en la que Gipuzkoa, codiciada por los franceses, sería objeto de negociación y moneda de cambio, como ya lo había sido en los pactos secretos de finales del siglo.

Los galos, finalmente, cederían en sus pretensiones a cambio de la isla de Santo Domingo, abandonando el territorio conquistado.

Las secuelas de la guerra, sin embargo, dejaron profundas cicatrices, que traumatizarían los inicios de la transición del Antiguo Régimen.

Asoman, en primer término, unas secuelas económicas y demográficas negativas (analizadas por C. Chico Camerón). La guerra causó importantes destrozos materiales, a veces difíciles de evaluar, salvo en casos y territorios concretos. La Montaña navarra sufrió graves destrozos y es muy posible que la merindad de Pamplona perdiese un 10 % de la población y los valles de Erro y Baztan un quinto.

La invasión tuvo lugar en el mes de la sazón de las cosechas, sin tiempo para ocultar los remanentes de las cosechas precedentes ni los tesoros artísticos y documentales. El comité de salvación pública promulgó órdenes de incautación general de elementos estratégicos transportables: cañones, pertrechos, caballos, mulas, rebaños, telas y cueros, y de destrucción de otros imposibles de trasladar: fábricas de armas y fundiciones. Algunas estadísticas parciales proporcionan significativas pistas. Los arsenales de las plazas de Hondarribia y Donostia suministraron un botín de guerra a los convencionales nada despreciable. En Hondarribia y áreas aledañas de combate los galos se adueñaron del siguiente material: 12.000 fusiles, 1.600 tiendas de campaña, 4.000 bombas, obuses y balas de cañón, treinta chalupas de pescar, tres naves de dos palos y una cañonera.

Las requisas alimentarias eran quizá menos espectaculares, pero más negativamente incisivas en la economía popular. Algún dato resulta muy expresivo. Los pueblos de Pasaia, Hernani, Urnieta y Andoain fueron obligados a suministrar 70.000 quintales de trigo, 20.000 de arroz (alimento que importaban) y cantidades importantes de otros productos. Algunas villas sufrieron incendios.

No obstante, el roedor más destructivo de la guerra en el terreno económico se cebó en las haciendas provinciales y municipales, asediadas por el virus del endeudamiento a causa de los gastos extraordinarios generados por el conflicto. Los ayuntamientos vendieron con profusión bienes concejiles, una medida hasta esa fecha era solo ocasional. Los gastos de la guerra, los donativos al rey y la crisis agraria convirtieron esta opción en moneda corriente. En 1794 varios pueblos alaveses no dudaron en vender molinos, viñas, montes y otros bienes de aprovechamiento comunal. En 1795 las Juntas de Gipuzkoa recibieron numerosas solicitudes para poner en venta tierras del común y desde 1796 tales ventas se generalizarían en todos los territorios vascos, pudiendo hablarse con justa precisión de una auténtica y temprana desamortización municipal, cuyas repercusiones sociales serían inmediatas, como estudiaron Arantxa Otaegi (Diputación Foral de Gipuzkoa, 1991) e Isabel Mugartegi (Diputación Foral de Gipuzkoa, 1990).

Las consecuencias sociales de la guerra no son menos importantes, al menos en dos aspectos. Por una parte, se vislumbra una prematura, pero no por ello menos iluminadora, fragmentación y enfrentamiento social interno de la élite, precipitado por una intervención exterior, entre la incipiente burguesía costera, especialmente la donostiarra, representada por la Diputación y las Juntas de Getaria, y la nobleza rural interior, cabeza indiscutible del campesinado, capitaneada por la junta particular de Arrasate. Subyace el enfrentamiento entre la clase hegemónica del Antiguo Régimen y la emergente burguesía liberal, partidaria de una alternativa económica y política no claramente definida, aunque no radical, más bien reacomodadora de la foralidad existente en aquellos presupuestos que beneficiasen sus propios intereses.

Por otra parte, la temprana desamortización de bienes concejiles agudizó las tensiones sociales. Los campesinos se vieron seriamente perjudicados al perder unos bienes comunales que les proporcionaban pastos, leña y «rozaduras» para siembra cerealística. En el caso de arrendarlos, los municipios perdían recursos monetarios para hacer frente a los gastos municipales, provocando la subida de impuestos y el descontento popular. La hostilidad contra los beneficiarios de la privatización de los bienes comunales, la burguesía liberal que rompía los moldes de la sociedad tradicional y de la «economía moral», iría en aumento. Se iniciaba la peligrosa senda del recalentamiento de las contradicciones y antagonismos sociales, cuyo primer aldabonazo resonaría con fuerte eco en la Zamacolada y en las carlistadas.

Las secuelas políticas, en realidad una clara fractura política, resultaron muy variadas e ilustrativas en diferentes facetas:

1. El primer impacto lógicamente deducible, aunque silenciado por el chauvinismo francés y la exaltación patriótica española, consistió en la ruptura de la comunidad de los vascos de uno y otro lado del Bidasoa y de la Montaña navarra, acostumbrados a la comunicación humana continua y al intercambio comercial en virtud de la identidad de lenguas y de costumbres seculares y profundas. Las rivalidades de los Estados español y francés sembraron desconfianza y, a veces, animadversión entre ambas orillas. Los cronistas contemporáneos y la documentación gubernamental o militar no eran capaces de transmitir estas vibraciones, sino más bien esparcían la consabida parafernalia patriótica, fuera española o gala. Más perspicaz en

sus observaciones, Humboldt, testigo a los pocos años de los destrozos de la guerra, emitió, con la finura típica de un humanista y etnólogo, estas pertinentes observaciones:

> Los habitantes de Fuenterrabía y Andaye viven naturalmente en diaria comunidad unos con otros. Perteneciendo al mismo pueblo, hablando la misma lengua y en la frontera sólo con pequeñas diferencias de dialecto [...]. Es una de las crueldades menos tenidas en cuenta en nuestras guerras, poco enlazadas en el interés de los pueblos que conducen, el cortar estas comunidades bruscamente y el poner entre tranquilos habitantes de localidades amistosas una pared divisoria de odio y enemistad que es tan extraña a su interés como a sus inclinaciones.

2. La guerra también puso de manifiesto no solo la impreparación de los ejércitos regulares de la Corona, sino también el medievalismo del sistema militar foral. La guerra moderna, que se iniciaba con la penetración de la armada revolucionaria gala dotada de jefes profesionales, mística proselitista y disciplina jacobina impuesta por los representantes de misión, demostró el arcaísmo de las milicias forales. Estas giraban en torno a un concepto municipalista de la leva, la lucha únicamente en el propio terreno provincial, carencia de profesionalidad, alto grado de amateurismo e improvisación y fianza en el albur coyuntural de la contingencia (no servir en tiempo de paz y armar a todo el paisanaje en tiempo de guerra). Por ello, tras la amarga experiencia de la guerra surgirán voces exigiendo un replanteamiento del sistema militar en aras de la defensa de los propios fueros. Así lo propondrá, Zamácola en Bizkaia en 1804, el conde de Echauz en Nafarroa y el marqués de San Adrián en Gipuzkoa.

3. Consecuencias políticas más decisivas se centraron en las acusaciones de infidelidad de Gipuzkoa a la Co-

rona, focalizadas esencialmente en torno a tres episodios: la rendición de la plaza de Donostia y el intento de separación de Gipuzkoa. Particularmente añadiría un tercero: la posible inquina antiforal del general Castaños.

a) La rendición de la plaza de Donostia. El día 3 de agosto de 1794 el ejército francés, al mando del general Moncey, se personaba junto a las murallas de la ciudad donostiarra y conminaba a las autoridades, representadas por el alcalde, José Vicente Michelena, y el gobernador militar de la plaza, el nonagenario Alonso Molina, a una rendición incondicional. El concejo municipal, reunido de noche, optó por la entrega inmediata, y la autoridad militar, oída la decisión municipal, dio su aquiescencia. El día 4 de agosto la ciudad se rendía y la guarnición militar, compuesta por 1.700 hombres, era encaminada hacia Oiartzun como prisionera de guerra.

La renuncia a toda resistencia ha sido generalmente juzgada muy severamente por la mayor parte de la historiografía. Teóricamente la plaza gozaba de una excelente cobertura orográfica y de una situación defensiva inmejorable, al formar un cuadrilátero perfecto protegido por el mar y por las baterías del monte Urgull. Pero la exposición exculpatoria elevada a su majestad en 1796 revelaba graves carencias e insuficiencias técnicas de carácter militar. Sin embargo, más que estas escaseces, influyó decisivamente en el quebrantamiento de la moral de los combatientes la pérdida de Hernani por el general Colomera y su posterior repliegue hacia Tolosa. La conquista de Hernani por los franceses fue estratégicamente vital, puesto que implicaba a la postre el aislamiento total y subsiguiente pérdida de Donostia.

La historiografía, salvo el duque de Mandas, don Fermín Lasala y Collado, e incluso los propios *rapports* franceses de los representantes en misión, hacen recaer la responsabilidad de la rendición en el ayuntamiento donostiarra, especialmente sobre su alcalde Michelena, al que Godoy en sus memorias califica de personaje de «infame memoria».

Sin embargo, la aplicación de un dogmatismo absolutista en el análisis histórico es peligrosamente excluyente y reduccionista, y en este caso, como en otros, el horizonte de la verdad presenta variados matices y las responsabilidades fueron compartidas, aunque su intensidad alcance escalonamientos y gradaciones.

Es cierta la existencia en Donostia de una minoría activa, entusiasta de los ideales revolucionarios, como corresponde a una ciudad fronteriza, cosmopolita, híbrida, con un importante contingente extranjero de burguesía mercantil, que estaría implicada en favorecer esa pronta rendición ante los revolucionarios franceses, por los que sentían simpatía. Con ello evitaban, además, un asalto cruento y el consiguiente derramamiento de sangre. Pero antes de la fecha de la rendición ya se había producido un clima generalizado de pánico y defección. Las actas municipales revelan que la mayor parte de los regidores no asistieron a la reunión concejil extraordinaria en la que se decidió la claudicación, pues para entonces ya habían optado por la huida. Otro tanto había hecho una gran parte de la población ciudadana, el clero, la Diputación, verdadera representación política de la provincia, y lo que resultó más llamativo y decisivo fue el abandono del ejército regular.

b) El intento de separación de Gipuzkoa es otro tema candente. Tan pronto Donostia se libere de la situación bélica mediante la capitulación, la Diputación extraordinaria a guerra y las posteriores Juntas Generales reunidas *ad hoc* en Getaria a partir del 14 de agosto entablaban negociaciones con el francés. Los interlocutores serían los cargohabientes provinciales, José Fernando de Echave y Romero, diputado general, su cuñado, Joaquín María Berroeta-Zarauz y Aldamar, ambos pertenecientes a linajudas familias emparentadas con los Loiola, José Hilarión Maiz y el tesorero-contador, Xabier Leizaur.

Los primeros contactos entre los apoderados franceses y guipuzcoanos tuvieron lugar a partir del 4 de agosto. El borrador provincial incluía una declaración de objetivos con dos premisas fundamentales: la intangibilidad de la religión católica y de los fueros y la independencia de la provincia como lo había sido hasta el año 1200.

El anteproyecto provincial sería sometido a las juntas extraordinarias, reunidas en Getaria con permiso galo el 14 de agosto, a las que asistieron representantes de 43 pueblos. A los dos días estaba listo un documento, con un preámbulo, donde se daba por supuesta la independencia, y ocho artículos referentes a variados aspectos relacionados con la guerra.

El 19 de agosto, los representantes de la Convención, Pinet y Cavaignac, respondían a la propuesta provincial con una recusación frontal y sin paliativos, que implicaba una tajante anexión: la República era una e indivisible y Gipuzkoa solo podía formar parte integrante de ella. El texto era un verdadero ultimátum al que las Juntas de Getaria deberían contestar en 24 horas. En caso de silencio o eventual negativa la provincia pasaría a ser un país conquistado, tal como ocurrió el 23 de agosto a través de un manifiesto dirigido al pueblo guipuzcoano. De forma expeditiva, los franceses pasaron de las palabras a los hechos de manera harto contundente, deteniendo a los junteros getariarras el 26 de agosto y trasladándolos a Baiona. Solamente Echave y Romero y Aldamar fueron objeto de un trato privilegiado, ya que fueron liberados inmediatamente para ponerse al servicio de los franceses.

Esta drástica medida de detención de la representación política provincial, ideada por el comisario Pinet, estaba destinada a prevenir el recrudecimiento de la resistencia interior, utilizando a los junteros como rehenes al mismo tiempo que implicaba una humillación para los notables del Antiguo Régimen.

Sobrevuela con nitidez sobre la propuesta provincial la ilusoria e irreal pretensión, hija de un espejismo valorativo de la situación, de dialogar a la par con un adversario vencedor, ignorando las eternas, crueles e injustas leyes de la guerra. Pero el razonamiento de la autoridad provincial escondía y recordaba un claro trasfondo ideológico: la imagen política que la provincia tenía de sí misma y la forma en que entendía y justificaba su realidad histórica, que era a la postre el basamento de su pretensión independentista.

El razonamiento se fundamentaba en dos principios. Por un lado, la memoria colectiva de la soberanía originaria provincial, con una praxis convivencial de igualdad mediante pacto, reconocido por la historiografía tradicional guipuzcoana y la propia Corona española, aunque en cierto momento convertida en anexión a Castilla.

Por otro lado, para retornar a su primigenia libertad, Gipuzkoa presentaba su candidatura a la República francesa, libertadora de los pueblos contra la tiranía de los reyes. Esta actitud guipuzcoana, en cierto sentido, preanunciaba inconscientemente con casi dos siglos de antelación el principio de autodeterminación, aplicado a las nacionalidades irredentas.

La negativa de los convencionales se basaba paradójicamente en los clásicos argumentos de los Estados absolutistas, que perpetuarían los Estados contemporáneos salidos de la Revolución: el sagrado egoísmo –Francia no extrae ventajas de la concesión de la independencia–, la pequeñez territorial de Gipuzkoa y la carencia de fuerza. A este respecto, Lasala y Collado resalta la extrañeza gala de que una provincia como Gipuzkoa pretendiese la separación, «apretada por dos Potencias formidables, de las quales una la tiene quasi enteramente conquistada y la otra enfurecida de ver que quiere apartarse de su dominio».

No sería justo olvidar que a partir de la caída de Robespierre (27 de julio de 1794) se barajó otra opción, la termidoriana, defendida por el general Moncey, que dirigió el mando de las fuerzas francesas de invasión. Veía en el sistema foral una afinidad política con la Constitución revolucionaria y era partidario de una separación de Gipuzkoa de la Corona española mediante la creación de una entidad política interprovincial, ligada a la República francesa.

Ambos episodios, la rápida capitulación donostiarra y el conato secesionista provincial, produjo inmediatas consecuencias en las relaciones con la Corona. Se inauguró una nueva política monárquica, alentada por Godoy y animada por la correspondencia remitida al valido por el delegado y espía Zamora –una muestra puede verse en la sección «documentos», transcritos por Cánovas de Castillo, de la web de Nabarralde–. Los tradicionales recelos gubernamentales ante la foralidad se tornaron en abierta intención de suprimirlos. El Gobierno inició el combate con una campaña encaminada a crear un clima proclive a la supresión foral, financiando diversas obras históricas, entre las que destacan las escritas por el canónigo Llorente, y el viaje recopilatorio documental a Gipuzkoa del marino gaditano Vargas Ponce.

En Cataluña, en 1794 se produjo un acontecimiento similar en cierta forma al de Gipuzkoa. Una Junta General de Corregimientos y Partidos (circunscripciones) del Principado, reunida en asamblea en Manresa e integrada por 55 diputados, tomó una serie de medidas económicas y militares para resistir a los franceses. Quiso transformarse en una especie de gobierno popular, delegando sus poderes a una junta ejecutiva, pero el capitán general, José de Urrutia y de las Casas, natural de Zalla (Bizkaia), se opuso tajantemente a esta idea.

c) La posible inquina antiforal del general Castaños. Es posible avanzar en esta coyuntura algunos de los antecedentes de la posible inquina del general Castaños contra los fueros y la ciudad de Donostia, que algunos historiadores atribuyen a este general y que tendrían relevancia en su posterior actitud ante los horribles sucesos del incendio y saqueo del 31 de agosto y días siguientes de 1813.

La forma de incorporación forzada de las tropas forales a los ejércitos regulares españoles, la convivencia con soldados españoles y el lógico espíritu foralista de los combatientes vascos fueron permanentes puntos de fricción. Los tercios forales deseaban ardientemente ser dirigidos por jefes naturales del País, evitando la integración en la tropa foránea. El general Ventura Caro protestó en diversas ocasiones por las exigencias forales. En el ejército español del general Caro y subordinado suyo, con quien mantenía muy buenas relaciones, estaba integrado el coronel Castaños, de ascendencia portugaluja vizcaína, posteriormente héroe de Bailén. Él era conocedor de esta problemática y fue herido gravemente en Irun, herida de la que le quedaría secuelas en el ladeo de cabeza y en el habla. Es posible sugerir que quizás en este hecho, en la temprana e incruenta entrega de Donostia al ejército revolucionario por parte del alcalde Michelena y en la propuesta de la Gipuzkoa independiente se base la hipótesis, cimentada en un rumor testimoniado por alguna documentación, de su apoyo al asalto, saqueo y castigo de Donostia el 31 de agosto de 1813.

Para confirmar taxativa y contundentemente tal hipótesis y convertirla en tesis cierta sería necesario hallar correspondencia corroboradora en el Archivo General del Ejército (sobre todo la que obra en los fondos Blake y duque de Bailén) y en la documentación de don Miguel de Alava, que conservan sus descendientes. A pesar de las edulcoradas narraciones exculpatorias de los cronistas británicos como Napier o Gleig, que atribuyen el incendio y los desmanes a la soldadesca sugestionada por el botín y desbordada por la lascivia y la embriaguez, actualmente nadie duda de que la autoría del saqueo y devastación de la bella Easo, acontecido el 31 de agosto de 1813 y días sucesivos, se debió a la tropa aliada británico-portuguesa y no a los franceses. Las memorias del teniente Lamadrid y, sobre todo, el informe, realizado a comienzos de octubre, con las declaraciones de 79 testigos de toda edad, sexo, profesión, nivel cultural y condición social son demoledores al respecto. También parece bastante evidente que el incendio de la ciudad estaba planificado de antemano. Sin embargo, habría que dilucidar, como ya he escrito *ut supra,* la autoría concreta de la orden, las causas por las que se dictó y su cobertura por acción y/u omisión.

Hubo, sin embargo, una consecuencia política positiva. Las diputaciones forales habían creado la institución política, denominada «Las Conferencias». Venía reuniéndose con anterioridad, pero lo harían de forma institucionalizada a partir del 2 de noviembre de 1793, cuando se reunió en Bilbo, y siguió haciéndolo con periodicidad y constancia en las restantes capitales. Acudían los diputados generales con sus adjuntos y trataban de temas fiscales, económico-financieros, judiciales, educativos, relaciones con el Estado y en especial de la «defensa de las libertades públicas amenazadas» para adoptar posturas unitarias y obrar coordinadamente.

d) Las consecuencias ideológicas de la guerra de la Convención tampoco son desdeñables. El primer contacto de la provincia con la revolución resultó ideológicamente frustrante, desencanto que iluminará más abiertamente el enfrentamiento de las carlistadas en el siglo siguiente. Entre ambos modelos, el foral vasco, y el revolucionario, existían notables discrepancias. El derecho revolucionario era un derecho universal y el sujeto era el ser humano por razón natural, mientras que el derecho vasco se basaba en los privilegios de las corporaciones, entidades superiores al hombre, por lo cual es más bien un derecho particular por cualidad. La constitución revolucionaria, por otra parte, era garantía de los derechos, de la división de poderes y de la nación de individuos que se autodeterminan políticamente. La constitución provincial, sin embargo, era un cúmulo histórico, inmemorial, acumulativo e intangible.

A la hora de establecer unas conclusiones que ofrezcan un panorama ilustrador básico sobre la guerra de la Convención, especialmente referidas a Gipuzkoa, dado que este territorio fue el más afectado por el conflicto bélico, parecen obvias y nítidas las siguientes:

1ª. Gipuzkoa se hallaba inmersa en una crisis económica, política, social e ideológica, con ingredientes derivados del tránsito del Antiguo al Nuevo Régimen, pero con elementos también peculiares inherentes a su privativo sistema foral.

2ª. Su ubicación geográfica de frontera, diseñada a su pesar en épocas pretéritas, entre dos Estados, el hispano y el galo, le confería una situación geoestratégica peculiar, apetecible para las dos potencias por una parte y peligrosa por otra, al ser objeto de voracidad por ambas.

3ª. Gipuzkoa fue, precisamente por ello, en esta guerra de 1793-95, una víctima propiciatoria e involuntaria paciente de los intereses en juego de dos imperialismos, el jacobino emergente francés y el tradicional decadente español, sin olvidar la implicación internacional solapada británica. Esta última se explicitará abiertamente en la posterior confrontación de 1808-1814.

3.
La Revolución entró con mal pie en Euskal Herria continental

LOS ESTADOS GENERALES, similares a las Cortes en Castilla, Nafarroa o Aragón, en la Francia del Antiguo Régimen eran asambleas convocadas por el rey de manera excepcional y a la que acudían representantes de cada estamento: clero (primer estado), nobleza (segundo estado) y los representantes de las ciudades que disponían de consistorio –concejo o ayuntamiento– (tercer estado). Fueron creados en 1302 por el rey Felipe IV el Hermoso.

Los penúltimos Estados generales de Francia fueron convocados por Luis XIII en 1614, y convocados de nuevo por Luis XVI en 1789, habiéndose reunido un total de 21 veces en 487 años. Era una asamblea excepcional, y su reunión solía responder a una crisis política o financiera que obligaba a conocer la opinión de los representantes de los principales poderes del país para confirmar una decisión real, particularmente en materia fiscal.

Estaban compuestos por diputados elegidos con un mandato de sus electores, y el orden del día se redactaba con base en los cuadernos de quejas (*cahiers de doléances*), establecidos por los notables provinciales de los tres órdenes o estamentos. Dichos estamentos se reunían por separado y contaban cada uno con un número igual de representantes. El sistema de voto utilizado era estamental: un voto contaba para cada una de las cámaras, con lo que el clero y la nobleza, tradicionalmente aliados, no dejaban opción al tercer estado para que se oyese su voz. En su última reunión, en mayo de 1789, el tercer estado pidió sin éxito el voto por cabeza. Estas disputas fueron reflejadas en la aparición de una gran cantidad de panfletos que recorrieron todas las ciudades y poblados de Francia, en los cuales se ponía de manifiesto el descontento popular. El 17 de junio de 1789, el tercer estado y el bajo clero, presentes en los Estados generales, se constituyeron en Asamblea Nacional y prometieron no separarse hasta haber redactado una constitución para Francia. Comenzaba la Revolución francesa.

La convocatoria de los Estados Generales por Luis XVI provocó las protestas de los vascos, pues no tenía en cuenta las asambleas o *batzarres* de los distintos territorios. Tras su admisión como circunscripciones autónomas las tres provincias procederían a celebrar reuniones.

En Lapurdi, donde ni la nobleza ni el clero se habían reunido jamás, se improvisó una reunión de los tres estamentos en la iglesia de Uztaritze el 19 de abril de 1789. Fueron elegidos cuatro representantes de los tres estados. Los cuadernos de quejas solicitaban la restauración de las antiguas instituciones labortanas.

Los estados de Zuberoa se reunieron, como era costumbre tradicional, el 18 de mayo de 1789, eligiendo tres representantes por los tres estados.

Behe Nafarroa, al considerarse un reino distinto, se negó a enviar diputados a los Estados Generales de Francia; pero sí «una diputación al rey». Los estados propios de Behe Nafarroa se reunieron el 15 de junio de 1789 y redactaron también cuadernos de quejas. En ellos exponían la antigua constitución de Nafarroa, reclamaban la abolición del Edicto de Unión de 1620 y el restablecimiento de los derechos del reino. Junto al síndico –persona elegida por un grupo o comunidad para representarlos y cuidar de sus intereses, especialmente económicos o sociales–, Polverel, la diputación, integrada por cuatro representantes de los Estados, pretendía presentar al rey directamente las quejas de los bajonavarros y que este prestase el juramento de sus fueros.

El 4 de agosto de 1789 los diputados de los Estados Generales, erigidos en Asamblea Nacional Constituyente en París, votaron el fin de las instituciones del Antiguo Régimen, lo que suponía la abolición de las constituciones particulares de las provincias vascas y el comienzo del proceso revolucionario.

Zuberoa y Lapurdi protestaron enérgicamente y se indignaron contra la infidelidad de sus representantes en la asamblea. El síndico de Behe Nafarroa redactó duros manifiestos y lanzó un ultimátum, amenazando con la separación del reino de Nafarroa y recordando la batalla de Roncesvalles en caso de represión armada.

El Biltzar de Lapurdi, reunido el 18 de noviembre de 1789, exigió la conservación de la constitución labortana y que, en caso de adoptar nuevas formaciones territoriales, se crease una circunscripción que abarcase unitariamente los tres territorios.

La Asamblea Nacional mostró oídos sordos a las protestas y decidió dividir Francia en departamentos. Una serie de decretos y leyes votadas el 4, 14 y 22 de diciembre de 1789 establecieron un nuevo sistema electoral y nuevas unidades administrativas.

La nueva división administrativa se efectuó según tres grados: municipio, distrito y departamento. El departamento de los Bajos Pirineos, creado en enero de 1790, incluía a vascos y bearneses. La protesta vasca fue encabezada por los hermanos Garat, alegando que los vascos, distintos en costumbres e idioma, estarían siempre en minoría.

Los tres territorios fueron redistribuidos en tres distritos, Uztaritze, Donapaleu y Maule, 23 cantones y 203 municipios, de los cuales 162 estaban situados en Behe Nafarroa y Zuberoa.

Las instituciones propias y su derecho público y privado desaparecieron con las leyes revolucionarias. Cambiaron de nombre las municipalidades y el calendario, se proscribió la religión oficial y se instituyeron plegarias laicas en lugar de los catecismos, como el padrenuestro a la libertad o los diez mandamientos republicanos. El primero de ellos afirmaba: «Francés, tu país defenderás para poder vivir libremente».

En 1790 la asamblea declaró que los dominios del rey eran propiedad de la nación. Las tierras de las parroquias fueron atribuidas a los municipios como «bienes comunales». Pero en Behe Nafarroa y Zuberoa existían tierras extensas, pertenecientes a sus territorios, que no pudieron ser atribuidas a los municipios, y fue necesario crear comisiones para la administración en común de dichas tierras.

La Ley de Constitución Civil del Clero, votada por la Asamblea Nacional en julio de 1790, establecía una nueva comarcalización eclesiástica y la elección de párrocos y obispos por los electores políticos. En noviembre la Constitución decretó que los obispos y párrocos le debían prestar juramento. Muchos, que serían llamados «juradores», lo hicieron, unos de buen grado y otros forzados por las circunstancias, siendo proclamados cismáticos por el papa en 1791. Estos curas «juradores» serían generalmente mal acogidos por el pueblo, mientras los sacerdotes «refractarios» (los que no se avinieron a prestar juramento) asumirían un culto clandestino, ya que una ley de agosto de 1792 los condenaba a la deportación. Muchos de ellos emigrarían a Nafarroa (un grupo se asentó en Los Arcos) o a España.

La oposición vasca a las leyes revolucionarias, la activa presencia de los sacerdotes refractarios, las relaciones entre los vascos de un lado y otro de la muga y los iniciales fracasos franceses al comienzo de la guerra en 1792 provocaron la animadversión de los revolucionarios contra los vascos, el incremento de la persecución religiosa, las deserciones de soldados vascos continentales y las deportaciones.

Las sociedades populares revolucionarias, instaladas en las villas vascas como Baiona o Donibane Lohizune, se afiliarían mayoritariamente a las ideas y partidos revolucionarios más radicales, exigiendo una activa represión, controlando la gestión de los municipios y denunciando a los sospechosos. Instalaron la dictadura de «la Montaña», instauraron tribunales de excepción, encargados de juzgar a los enemigos de la revolución sin observar normas jurídicas, y ejecutaron numerosas víctimas en la guillotina, cebándose especialmente con los curas refractarios o parroquianos amigos.

La represión más cruel y llamativa contra los vascos fue la deportación masiva de una serie de pueblos: Sara, Askain, Ezpeleta, Kanbo, etc., a unos 80 kilómetros de la frontera. La persecución se intensificó contra los enemigos interiores, considerados cómplices de España en la guerra de la Convención, los refractarios y los parientes de los emigrados.

La Convención (1792-1795) envió «representantes del pueblo» a los departamentos, con plenos poderes, entre ellos el de surtir de víctimas a los calabozos y a la guillotina.

La lengua vasca también sería objeto de instrumentalización revolucionaria paradójica. Por un lado, le otorgaron al euskera la categoría de lengua oficial, traduciendo a ella todos los decretos y proclamas, al percatarse en la práctica de la imposibilidad de difundir la ideología revolucionaria en una zona mayoritariamente vascófona. Pero por otro, un decreto del 20 de julio de 1794 establecía que a partir de ese momento no se podía escribir en todo el territorio francés ni participar en ningún acto público en otra lengua que no fuera la francesa.

La caída de Robespierre en julio de 1794 provocó un cierto alivio. Muchos vascos emigrados pudieron regresar, se reabrieron las iglesias, desaparecieron los tribunales de excepción y las sociedades populares y se multiplicaron las deserciones en el ejército a causa del hartazgo de la guerra.

Los desórdenes y la guerra dejaron un país arruinado, que las etapas revolucionarias del Directorio (1795-1799) y, sobre todo, del Consulado (1799-1804) intentarían restaurar económicamente. Pero la guerra con España entre 1808 y 1814, durante la etapa imperial (1804-1815), provocaría de nuevo un período desastroso.

Las derrotas francesas en España, sobre todo en los años 1813 y 1814, tuvieron la inmediata consecuencia de la invasión de Euskal Herria continental. Las tropas de Wellington ganaban el 12 de diciembre las batallas de Saint-Pierre d'Irube y Mouguerre, el 12 de febrero de 1814 la de Garris y el 27 de abril capitulaba Baiona.

En las etapas del Directorio (1795-99) y Consulado (1799-1804) no merecería silenciarse un curioso proyecto de Domingo-José Garat, explicitado en informes remitidos a Napoleón, sobre la propuesta de constituir un Estado federado vasco, denominado «Nueva Fenicia». Consistía en un «Estado Nacional Vasco», formado por la conjunción del País Vasco continental, el País Vasco al sur del Pirineo y parte de Cantabria, uniéndolos en dos o tres departamentos del imperio. Dichos departamentos se llamarían Nueva Tiro y Nueva Sidón, y el conjunto Nueva Fenicia, ya que para Garat los vascos eran los primeros pobladores de toda la península, quienes provenían de los fenicios y hablaban su lengua. Su bandera y escudo serían los de Nafarroa y sus habitantes se dedicarían al servicio marítimo del imperio galo.

4.
La Zamacolada (1804-1805)

ESTA REVUELTA, que afectó casi exclusivamente al territorio del señorío de Bizkaia, conocida con el nombre de «Zamacolada» en honor a su principal protagonista, Simón Bernardo de Zamácola Ocerin, fue un episodio muy conflictivo, inserto en un proceso global más amplio: la cuestión del Puerto de la Paz. El tumultuoso suceso, con prolegómenos incluidos, se desarrolló desde 1801 hasta 1807. Simón Bernardo de Zamácola fue un controvertido, singular y polémico personaje, nacido en Dima en agosto de 1759 en el seno de una familia de nueve hermanos. Entre ellos destacó también el polifacético Juan Antonio, autor de la *Historia de las naciones baskas*. Simón Bernardo falleció en Dima el 23 de enero de 1809, medio enajenado, sin descendencia, pero dejando en herencia a su esposa un largo pleito por sus bienes.

La contextualización remota y próxima de la Zamacolada exige inexorablemente una referencia clara y explícita al antagonismo entre los grupos hegemónicos de la sociedad vasca, que defendían modelos socioeconómicos excluyentes: la burguesía mercantil bilbaína y la aristocracia rural del señorío, que ya se había mostrado en 1718.

Este antagonismo se detectaba abiertamente ya en el siglo XVI, jalonado de pleitos entre la villa y varias anteiglesias circundantes, con motivo de la ampliación de su jurisdicción y límites.

A lo largo de los siglos XVII y XVIII este antinómico posicionamiento por parte de ambos grupos se percibiría también en los momentos más convulsos como el motín de la sal o la matxinada de 1718.

A partir de 1792 los acontecimientos se intensificaron. En las Juntas Generales del señorío, celebradas el 16 de julio de 1792, el procurador Aldama presentó un proyecto para establecer un nuevo puerto comercial en la barra de Mundaka y ría de Gernika. La guerra de la Convención en 1794 había paralizado el proyecto y la ocupación del señorío provocaría inevitables dificultades. Para hacer frente a las deudas contraídas a causa de la guerra, el señorío introdujo el pago de arbitrios, según criterios que beneficiaban a los intereses de Bilbo y su consulado. El resto del señorío no tardó en reaccionar, amenazando con revisar los libros del Consulado, institución creada en 1511, en tiempos de Juana la Loca, cuyas últimas ordenanzas habían sido aprobadas por Felipe V en 1737, por lo que a los comerciantes no les quedó más remedio que transigir.

En 1800 se recrudeció la tensión con motivo de un donativo solicitado por el rey, Carlos IV, cuya distribución cargaba el peso sobre las espaldas de los comerciantes bilbaínos. Estos se opusieron e intentaron llegar a un acuerdo con el señorío, pero sin éxito.

En mayo de 1801 se produjeron unas fuertes inundaciones, y con motivo de la tradicional procesión de la Virgen de Begoña se originaron enfrentamientos entre regidores de la citada anteiglesia de Begoña, muy activa como hemos visto en 1718, y los bilbaínos.

Ayudó a enconar la situación la reunión de Juntas Generales a comienzos de julio de 1801 para hacer efectivo el donativo solicitado por la Corona, sin que ninguna de las partes cediese en su postura.

El mismo año las juntas aprobaron, con la total oposición de la representación bilbaína, un proyecto elaborado por Simón Bernardo de Zamácola para la construcción de un nuevo puerto en la ría de Olabeaga. El proyecto, denominado «Puerto de la Paz», en honor a Godoy, Príncipe de la Paz, suponía un duro quebranto para el próspero comercio bilbaíno. Una comisión nombrada por el señorío y compuesta por Loizaga, foralista guerniqués, Eguía, notable rural y mayorazgo en Duranguesado, José Agustín Ibáñez de la Rentería, famoso ilustrado de la Bascongada y de alcurnia familiar vizcaína, y Aranguren y Sobrado, de linajuda familia baracaldesa, gestionaron con éxito el proyecto en la Corte. Una real orden, fechada el 31 de diciembre de 1801 autorizaba la construcción de un puerto libre en la anteiglesia de Abando.

Los años siguientes, 1802 y 1803, verían con asombro un continuo ajetreo por parte de Bilbo (que creó una liga de fuerzas vivas opositora al proyecto), y del señorío para lograr sus propósitos ante Godoy, quien en abril de 1803 inclinó su opción por la construcción del nuevo puerto, y en noviembre la Corona la sancionaba como definitiva. Incluso, el 1 de agosto de 1804 los comisionados del señorío aprobaban el reglamento de nuevo puerto.

Pero un nuevo acontecimiento provocó un giro radical en la situación en 1804. Un proyecto de servicio militar obligatorio, que significaba el alistamiento total de la provincia, fue aprobado por las juntas y apoyado por los notables del señorío. El proyecto suscitó la frontal oposición de las clases populares y una alianza tácita y coyuntural entre los campesinos de las anteiglesias próximas a Bilbo y la burguesía de la villa, agraviada por la actuación anterior de las juntas en el tema del nuevo puerto. El anterior juego de alianzas se había roto. Se avecinaban nuevas posibilidades de las que Bilbo, en realidad la clase comercial bilbaína, sabría aprovecharse.

La asonada estalló a mediados de agosto y el desarrollo de los acontecimientos puede sintetizarse en cuatro fases:

1. Entre los días 17 y 22 de agosto se sucedieron en Bilbo y las anteiglesias de su entorno los tumultos y desórdenes. Numerosos notables y autoridades del señorío –entre ellos el corregidor, el ilustrado gallego Luis Marcelino Pereira– fueron apresados, incautándose los amotinados, incluso, de las armas del depósito, sito en Abando.

2. El 22 de agosto las Juntas Generales del señorío reunidas en Gernika, bajo presión de los alborotadores, acordaban revocar el desafortunado proyecto del servicio militar obligatorio, «recompensando» a la Corona con un donativo de un millón de reales. Criticaban abiertamente, además, la obra de Zamácola, incluido su proyecto de Puerto de la Paz. Los ánimos quedaban apaciguados.

3. El 28 de agosto se rompía la calma y se soliviantaban de nuevo los begoñeses a raíz de la confiscación de unos baúles pertenecientes a Zamácola, que fueron trasladados a Gernika a pesar de la oposición popular. Una vez abiertos, reinó la desilusión, pues no contenían nada que mereciese la pena. Los incidentes pasaban a los brazos de Morfeo, dios del olvido.

4. La Diputación solicitó la presencia de refuerzos y otro tanto pidió el Ayuntamiento de Bilbo. Un fuerte contingente de tropas reales, al mano del brigadier don Benito San Juan, militar que en 1802 había ascendido al grado de brigadier (rango intermedio entre coronel y general, establecido por Felipe v en 1702) y había sido nombrado nada menos que jefe de la guardia personal del entonces llamado Príncipe de la Paz. Le acompañaría como comisario regio Francisco Javier Durán, expresamente nombrado

para investigar los hechos y realizar las correspondientes pesquisas. Ese ejército hacía su entrada en Bilbo el 21 de septiembre y las aguas volvían a su cauce. Sufrió Bilbo, ciudad de alrededor de 12.000 habitantes, la ocupación de una guarnición militar de unos 4.000 soldados al mando de Benito San Juan. Esa situación, que se prolongó por espacio de cuatro años, generó a la población y al Ayuntamiento de la villa una serie de problemas de todo tipo, hacendísticos, organizativos, urbanos, económicos, etc., que debieron ser afrontados por las autoridades y, sobre todo, padecidos por el sufridor vecindario bilbaíno.

Pero comenzaba la fase represiva. El proyecto del Puerto de la Paz se desvaneció en los pliegues de la memoria y una disposición real del 27 de junio de 1814 lo anularía definitivamente.

La represión comenzó tras las pesquisas llevadas a cabo por el comisario regio, Durán. El 23 de mayo de 1805 una Real Sentencia contemplaba las siguientes resoluciones:

1. Sanción a la villa de Bilbo y a las anteiglesias de Begoña, Abando, Deustu y Barakaldo con la pérdida de sus títulos de «Muy Noble y Muy Leal», «hasta tanto que sus servicios y constante subordinación al Rey, laven semejante mancha y sean acreedores a la piedad de Su Majestad».

2. Condena a la villa de Bilbo y las anteiglesias a sufragar diversos gastos, entre ellos la manutención de las tropas desplazadas al señorío. El reparto de los gastos se estableció del siguiente modo: Bilbo, dos partes; Begoña, Abando, Deustu y Barakaldo, una tercera parte, y Erandio, Sondika, Loiu, Arrigorriaga, Etxabarri, Galdakao y Gordexola, la cuarta parte restante.

3. Castigo a los principales encausados con duras penas de prisión: 43 individuos a presidio de 9 años en Filipinas, 51 a Ferrol y Ceuta y 8 a diversos castillos. 86 serán

enviados al servicio del ejército, 30 serán desterrados fuera de las provincias vascas y 102 serán obligados a pagar multas que oscilaban entre los 400 y los 6.000 ducados.

4. Creación en el señorío de dos nuevas instituciones de índole claramente antiforal: la Comandancia General de Bizkaia, constituida como gobierno militar y político, que recayó en el brigadier Benito San Juan –por sus servicios recibió en 1805 el despacho de mariscal correspondiente al grado de general– y la Alcaldía Mayor de Bizkaia, para cuyo ejercicio fue nombrado don Matías Herrero Prieto. El corregimiento, por tanto, sería suspendido y sustituido por este alcalde mayor de Bizkaia, Herrero Prieto, que hasta entonces era teniente general de corregidor. Pero a instancia de la Diputación continuó Pereira de corregidor hasta la terminación de ciertos «asuntos» que el señorío indicó. El nuevo título de alcalde mayor de Bizkaia obligaba a este a estar sujeto al comandante general Benito San Juan y a ser su asesor, gozando de todos los emolumentos del corregidor. Trajo Herrero Prieto título para un sexenio y en el nombramiento se decía: «Alcalde mayor, teniente general de ese Señorío que se ha titulado de Guernica». Este alcalde mayor, Herrero Prieto, empezó a presidir las Juntas Generales de Gernika por delegación del comandante general San Juan.

El protagonismo social del motín abarca un abanico sustentado en un triple frente. De un lado se hallan quienes habiendo detentado los resortes de una economía agraria y ganadera y dominado los mecanismos políticos forales y locales, luchaban por la perpetuación de ese dominio aun a costa de un inmovilismo que lastrase el futuro del país. Era la aristocracia tradicional, hegemónica en las juntas y cuya más visible representación estaría ostentada por los cinco comisionados enviados a la Corte para tramitar la creación del Puerto de la Paz: Francisco Aranguren y Sobrado, Nicolás Ventura de Eguía, José Agustín Ibáñez de la Rentería, José Joaquín Loizaga y Simón Bernardo de Zamácola.

Frente a este bloque, en una posición antagónica, lenta pero progresiva, se encuentra la burguesía comercial, centrada en Bilbo, necesitada de marcos políticos y económicos renovados.

En medio de esta bipolarización de ambas élites enfrentadas, la masa popular, amplia, heterogénea y protagonista «evidente» de la revuelta, pugnaba por un resquicio que le permitiese beneficiarse de las ventajas concretas de ambas alternativas, la tradicional aristocrática y la emergente burguesa, aunque a la postre no resultaría beneficiaria del resultado final, pues seguiría sometida a las necesidades más perentorias para sobrevivir. De ahí que el juego coyuntural de alianzas, dada la creciente complejidad social, resultase despistante.

La reivindicación primordial de los amotinados populares incidiría en la supresión del servicio militar obligatorio, mientras que para la burguesía comercial bilbaína su objetivo prioritario se polarizaría en torno a la revisión de la obra portuaria, cuya cabeza más visible y de turco fue Zamácola, y la revocación de la aprobación del famoso proyecto del Puerto de la Paz. La dualidad reivindicativa encontró un cauce coyuntural único, cuando ambos grupos protagonistas se aliaron contra un enemigo común: la nobleza rural. Superado el tumulto, las aguas volverían a su cauce y cada mochuelo volvió a su olivo, bien retejado el de la nobleza rural y el de la burguesía bilbaína y con goteras el de las clases populares.

Los antagonismos emergentes en este motín y otros anteriores preanunciaban luminosamente la conflictividad más belicosa y sangrienta del siglo xix, cuya máxima expresión se revelaría en las carlistadas.

5.
El imperialismo napoleónico: nueva invasión gala (1808-1814)

ES EL SEGUNDO GRAN EPISODIO BÉLICO que jalonó el pedregoso camino de la crisis del Antiguo Régimen, acentuando las dificultades.

La estrategia militar condicionó la intensidad de la ocupación y, por tanto, la presencia francesa fue diferente según los distintos territorios e influyó en las respuestas. La capacidad contestataria en Gasteiz y Donostia fue muy escasa al estar ambas ciudades permanentemente ocupadas, dada su importante situación geoestratégica en la ruta entre la frontera y Madrid. Por consiguiente, Napoleón decidió someter esta vía y los lugares adyacentes a una férrea vigilancia y a un fuerte despliegue militar mediante la instalación de guarniciones que controlasen las comunicaciones entre la frontera francesa y el interior peninsular.

La guerra no se convirtió solamente en un problema militar, sino que provocó una honda repercusión política y social. Una élite urbana y burguesa, reformista y liberal, encabezada por los exministros de Carlos IV, Mariano Luis de Urquijo y el almirante José de Mazarredo, se alinearon con José I tras las abdicaciones de Baiona de los reyes Fernando VII y Carlos IV. Esta minoría procuró inclinar la opinión vasca a favor de la causa afrancesada. El propio Mazarredo presidiría las Juntas de Bizkaia que reconocieron a José I como rey, una vez ocupado Bilbo por las tropas francesas.

Enfrentada a este selecto y poderoso grupo se encontraba la masa popular, urbana y rural, alentada por los notables rurales y, sobre todo, por el clero, mayoritariamente reacio a las ideas liberales. La masa popular, inflamada por las proclamas clericales y soliviantada por la creciente crisis económica, se movilizó en defensa de la religión, del orden tradicional y de la economía moral.

Bilbo no se vio libre de una sublevación antifrancesa. Una junta patriótica, que se levantó a favor de la legitimidad de Fernando VII, llegaría a hacerse con el control de la villa. En Iruñea, Donostia y Gasteiz no ocurría un hecho semejante, en gran parte debido a la fuerte presencia militar. La capital vizcaína no permanecería mucho tiempo en poder de la citada junta, siendo prontamente recuperada por las tropas francesas.

Sin embargo, la asonada antigala en Bilbo manifestó la existencia de dos grupos enfrentados: los afrancesados y los legitimistas profernandinos. El clero, a excepción del obispo Aguiriano, se mostró ferviente antiafrancesado y logró arrastrar a la población en defensa del orden tradicional, amenazado por las nuevas autoridades. La dura fiscalidad, que imponía el ejército de ocupación, aumentaba la cólera de los sublevados.

No obstante, la mayor parte del país fue dominado por los afrancesados. Se impuso una nueva constitución de carácter uniformista, redactada por Napoleón y aprobada en Baiona en julio de 1808, que no reconocía la original personalidad foral. A pesar de ello, las presiones de los diputados afrancesados vascos, en exposición dirigida al emperador, lograron que en el último artículo, el 144, se introdujese la siguiente fórmula, que indicaba la existencia de las peculiaridades forales, pero tampoco auguraba un prometedor futuro para ellas: «Los fueros particulares de las provincias de Navarra, Vizcaya, Guipúzcoa y Alava se examinarán en las primeras Cortes para determinar lo que se juzgue más conveniente al interés de las mismas provincias y al de la nación».

Los liberales hispanos, opuestos a los franceses, no dejaron mejor parados los fueros en la Constitución de Cádiz. En su preámbulo se ensalzaban las libertades forales como antecedente inmediato de la libertad constitucional, pero su articulado, uniformador y centralista, abogaba por la sustitución del espíritu de nación española frente al de provincia. Solamente algún diputado por Bizkaia, Eguía, antes de jurarla llegó a pedir que se conservasen los fueros.

En realidad, ni la Constitución de Baiona ni la de Cádiz tuvieron implantación real en el País Vasco y, por tanto, no modificaron su estatus político-administrativo. Sin embargo, sí lo haría un decreto imperial del 8 de febrero de 1810 por el cual Cataluña, Aragón, Nafarroa y las Vascongadas quedaban sustraídas a la jurisdicción del rey José I y encomendadas a militares con la intención de allegar recursos para financiar las campañas castrenses, incrementándose con ello la presión fiscal. Dufour se hizo cargo de Nafarroa. Araba, Bizkaia y Gipuzkoa, agrupadas bajo el título de «Gobierno de Vizcaya», fueron confiadas al general Thouvenot.

Este general decretó la suspensión de las diputaciones de las tres provincias. Creó un consejo de gobierno, organismo consultivo integrado por tres diputados, uno por provincia. En cada una existía un gobierno provincial, compuesto por cuatro individuos, dos propietarios y dos comerciantes. Los consejos municipales, copados por ilustrados liberales pronapoleónicos, completaban en el plano local el nuevo esquema organizativo, cuyas tareas prioritarias consistían en vigilar a los sectores antifranceses y, sobre todo, recaudar impuestos. Para consolidar la nueva situación se creó una «guardia cívica», formada por ciudadanos que solicitasen armas para combatir la guerrilla.

La guerrilla actuó a manera de partidas con el fin de hostigar al invasor, especialmente en Nafarroa (también en Gipuzkoa, con el pastor Jauregi), donde destacaba la del estudiante Javier Mina el Mozo, organizada en 1809, quien derrotó a los franceses en los combates de Carrascal y Beriain, siendo apresado por traición en Labiano en 1810. Le sucedió en el mando su tío, Francisco Espoz y Mina, un labrador de Idozin. Llegó a formar con varios miles de hombres la División de Navarra, que atacó a los franceses no solo en Nafarroa, sino también en zonas vecinas, logrando éxitos importantes en Zangoza, Mendibil, Arlaban, Tafalla, Sos, Hondarribia, Lerin, etc. Y merced a ellos la regencia de Cádiz le concedió el grado de mariscal de campo. Excepto algunos enclaves urbanos ocupados por los franceses, Espoz y Mina fue quien realmente gobernó Nafarroa. Llegó a cobrar derechos de aduana, formó un Tribunal de Justicia o Auditoría de Navarra y un gobernador eclesiástico que le acompañaba y cuidaba de la diócesis de Iruñea. Casó en matrimonio, rodeado de un halo de romanticismo, con una ilustre e ilustrada dama coruñesa, Juana de Vega, que publicaría las memorias de su esposo tras quedar viuda.

La batalla de Vitoria en junio de 1813 supuso una severa derrota para los franceses y marcaría el inicio de su derrota. Iruñea capitularía ante las tropas de Wellington el 31 de octubre, tras rechazar al mariscal Soult en Sorauren, y Bilbo sería abandonada. La guarnición francesa de Donostia resistió hasta el incendiario ataque de las tropas anglo-hispano-portuguesas el 31 de agosto de 1813, que destruyó la ciudad. Durante la ocupación gala de Donostia se pudo observar también la división de la población, pues es innegable que la mayor parte de la oligarquía mercantil donostiarra estaba satisfecha, si no era colaboracionista con los franceses. Lo que sí está claro, aunque la responsabilidad final todavía está inmersa en la bruma oscura del desconocimiento, es que la ciudad sufrió una terrible destrucción, cuyas víctimas principales fueron las clases más bajas, primordialmente las mujeres.

Mientras no se hallen nuevos documentos que avalen fehacientemente otras hipótesis, y si ello ocurriera no me dolerían prendas en rectificar tal como impone la ética investigadora, me atrevo a afirmar que, con la actual documentación en la mano, la inmediata responsabilidad recae en los autores directos del asalto, incendio y saqueo, es decir, las tropas que lo realizaron. Pero en el ejército existe una cadena de mando: jefes, oficiales, suboficiales y tropa, que asume responsabilidades según su graduación y el principio de la obediencia debida. Por ello, se puede aseverar que Wellington fue el máximo responsable de la acción y como responsabilidad gradativa y subsidiaria no estarían exentos de ella Thomas Graham, que dirigió el asalto, y el coronel portugués Luis Dorrego Barretto, primer gobernador militar, que no pararon la actividad pirómana y saqueadora. Casi nadie cita a este personaje, salvo el investigador Adolfo Morales. La negativa de don Miguel Álava a intervenir tampoco diluiría algún tipo mínimo de responsabilidad, aunque ya había advertido de tal posibilidad, si se producían una serie de circunstancias. Tampoco está clara la posible responsabilidad del general Castaños, que solo tiene como argumento un rumor popular y su ausencia del lugar en el momento álgido.

Pedro María Soraluce atribuye la máxima responsabilidad a Wellington y Graham, aunque se atreve a atenuarla ante el desenfreno de las tropas:

> La única explicación, la única manera de intentar atenuar el extraño proceder de Wellington y de Graham, está, declarando con franqueza, que no tenían autoridad alguna moral sobre sus tropas desenfrenadas, y sobre este particular hemos oído referir al eximio general Arteche detalles sumamente interesantes acerca del acto de indisciplina verdaderamente inaudito cometido por las tropas inglesas al ser revistadas por el duque de Ciudad Rodrigo en el glacis de San Sebastián, afrentoso desacato ejecutado por un sargento, en nombre de todos sus compañeros, y á quien el lord no se atrevió á castigar en el acto, pues picando espuelas á su caballo, cuando dicho sargento salió de las filas y contestó á la arenga dirigida por Wellington á sus soldados reprochándoles su proceder, es como logró el generalísimo evitar otro espectáculo mayor de insubordinación.

En realidad, la capital guipuzcoana tuvo la mala suerte de estar en medio de un juego macabro, donde dirimían sus intereses tres imperialismos, el británico triunfante, el galo emergente y contrincante y el hispano decadente.

En Irun, tras la batalla de San Marcial (el 31de agosto de 1813), donde alcanzó cotas heroicas de lucha y resistencia el cuerpo de ejército de Galicia, mandado por el general Manuel Freire Andrade, de progenie galaica, aunque nacido en Carmona, los franceses se despedían de suelo vasco.

No debo desperdiciar esta ocasión para incluir una ambivalente y antinómica faceta, frecuentemente arrinconada, que afectó tanto a Euskal Herria como al Estado español.

Por un lado, la guerra, que también fue una contienda civil entre vascos y españoles, denominados «patriotas», y josefinos o «afrancesados», y un enfrentamiento internacional dirimido en suelo peninsular entre grandes potencias europeas, supuso el acta de nacimiento del nacionalismo español contemporáneo, según la mayoría de la investigación histórica (Álvarez Junco, Núñez Seixas, Borja de Riquer, Inman Fox, Pérez Garzón), y fue reinventado posteriormente por la historiografía liberal del siglo XIX como su mito fundacional. Según el historiador X. M. Núñez Seixas, los primeros liberales españoles reunidos en las Cortes de Cádiz «elaboraron la concepción moderna de nación española como una colectividad soberana de los ciudadanos dotados de una ley común».

Por otro lado, la guerra puso de relieve que todavía reinaba una gran ambigüedad semántica y política, apreciada al analizar los conceptos de «nación» y «patria», referidos de manera indistinta al conjunto de la monarquía como a la «patria local». Incluso los principales símbolos de la resistencia antifrancesa tendrían carácter local (Dos de Mayo, el Tambor del Bruc). Además, la guerra produjo la desintegración de las débiles estructuras estatales, la atomización y fragmentación del poder central, pasando la soberanía al pueblo y a las entidades tradicionales naturales. La movilización durante el conflicto surgió a partir de juntas locales o regionales, que ocuparon ese vacío de poder. Se retornaría a lo que el ideólogo conservador Menéndez Pelayo denominó «federalismo instintivo». El conflicto demostró la dificultad de hacer combatir las tropas fuera de los límites comarcales o regionales en muchos territorios hispanos, no solo en los territorios forales como era tradicional.

VI.
Conclusiones generales

ESPERO QUE EL PACIENTE LECTOR perdone nuestra inmensa osadía de resumir esta larga excursión analítica en las siguientes notas sintéticas.

Entre los siglos XVI y XIX, en Euskal Herria se produjeron conflictos en forma de matxinadas, rebeliones o revueltas y otras diferentes denominaciones, con características semejantes a las de otras naciones y Estados europeos de la época, tanto en los contextos de gestación estructural, precipitantes coyunturales e incluso detonantes, como en los procesos de desarrollo, de participación social, de tensión reivindicativa y de posterior represión a cargo de los poderes constituidos en los distintos ámbitos, central, foral y municipal.

Sin embargo, dada la peculiar estructura económico-social y el singular entramado político, jurídico e institucional, conocido como régimen foral, que dotaba a Euskal Herria de una identidad privativa peculiar y una notable capacidad de autogobierno, los pasos iniciales de los conflictos en su mayoría poseyeron un carácter eminentemente social, antiseñorial, antiburgués, fiscal, aduanero o de furia de los consumidores, con incipiente protagonismo femenino, tanto activo (participación en el motín y en las reivindicaciones), como pasivo (sufrimiento del horror bélico). Pero en el transcurso, y a veces en el origen de los episodios conflictivos, devinieron y adquirieron un carácter netamente político de respuesta frente a reales o pretendidos agravios, que ponían en entredicho la foralidad, asumida como garante del sistema tradicional del autogobierno, de la estabilidad social y de la economía moral.

Ciertamente, Euskal Herria en esta época, aunque gozaba de un no desdeñable grado de autogobierno, dependía de dos Estados, francés e hispano, al que sus diversos territorios habían sido anexionados o incorporados mediante conquista o pacto voluntario, ya fuese este real, forzado, ficticio o posteriormente asumido como tal. Por consiguiente, esa situación de «asfixia entre dos Estados» (Beñi Agirre) imponía rasgos, condicionamientos y riesgos ajenos a su propio destino y devenir históricos, forzándola a sufrir invasiones, ocupaciones, contrafueros y otras repercusiones de diversa índole. Por supuesto, se vio obligada a asumir posicionamientos alejados de sus propios intereses, sin olvidar el hecho de que algunas élites internas colaboraran en esas actitudes inducidas desde instancias externas.

Bibliografía

ADOT LERGA, Álvaro: *Juan de Albret y Catalina de Foix o la defensa del Estado navarro* (1483-1517); Pamiela, Pamplona, 2005.

AGIRRE, Beñi: *Historia nabarra de Gipuzkoa. De su origen, conquista y fueros*; Nabarralde Fundazioa, Iruñea, 2019.

AGIRREAZKUENAGA, J., URKIJO, J.R. y URKIJO, M.: «Crisis del Antiguo Régimen y revolución liberal»; fasc. 19, *Gran Atlas Histórico del Mundo Vasco,* El Mundo del País Vasco, 1993.

ALBERDI LONBIDE, Xabier, RILOVA JERICÓ, Carlos: «¿Una rebelión de tierra adentro? Nuevas perspectivas sobre San Sebastián y la machinada de 1766»; *Boletín de Estudios Históricos de San Sebastián,* 43, 2010, pp. 471-527.

ALLI ARANGUREN, Juan Cruz: «El debate sobre el traslado de aduanas en las Cortes de Navarra»; *Notitia Vasconiae, Revista de Derecho Histórico de Vasconia,* 2, 2003, pp. 279-340.

ANGULO MORALES, Alberto: *Las puertas de la vida y la muerte: la administración aduanera en las Provincias Vascas (1690-1780)*; Universidad País Vasco, Bilbao, 1995.

——. «Burguesía y redes de relaciones en la sociedad del Antiguo Régimen: reflexiones para un análisis de los actores sociales», en Luis Miguel ENCISO RECIO (Coord.), *La Burguesía Española en la Edad Moderna*, Universidad Complutense, Madrid, 1996, pp. 35-47.

——. «Estanco y contrabando de tabaco en el País Vasco (1684- 1876)», en Agustín González Enciso y Rafael Torres Sánchez (Eds.), *Tabaco y Economía en el siglo XVIII, Eunsa*, Pamplona, 1999, pp. 195-237.

——. «Comercialización y contrabando del tabaco en el País Vasco durante el Antiguo Régimen»; *Vasconia. Cuadernos de Historia-Geografía*, 31, 2001, pp. 21-43.

——. «Hacienda y Comercio en las Provincias Exentas, Las asonadas durante el Gobierno del Príncipe de la Paz (1795-1805)», en MELÓN JIMÉNEZ, Miguel Ángel, LA PARRA, Emilio y TOMÁS PÉREZ, Fernando (Eds)., *Manuel Godoy y su Tiempo*, Tomo I, Editora Regional de Extremadura, Badajoz, 2003, pp. 543-584.

——. «El sistema aduanero y el contrabando en el País Vasco: entre la negociación y el conflicto (siglos XVI-XVIII)»; *Notitia Vasconiae*, 2, 2003, pp. 97-129.

——. «Fiscalidad y economía en las Provincias Exentas durante la Edad Moderna»; *Estudis*, 29, 2003, pp. 81-101.

ANGULO MORALES, Alberto, PORRES MARIJUÁN, M.ª Rosario y REGUERA ACEDO, Iñaki: *Historia del País Vasco. Edad Moderna: (siglos XVI-XVIII)*; Hiria, Alegia, 2004.

AOIZ, Floren: *La vieja herida. De la conquista española al Amejoramiento Foral*; Txalaparta, Tafalla, 2002.

——. *Más allá de 1512*; Txalaparta, Tafalla, 2012.

ANTOLINI, P.: *Los Agotes. Historia de una exclusión*; Istmo, Madrid, 1989.

ARAGÓN RUANO, Álvaro y ALBERDI LOMBIDE, Xabier: «La resistencia frente a la política de las autoridades de marina en Gipuzkoa durante el período borbónico», en PORRES MARIJUAN, R. (Dir.), *Poder, resistencia y conflicto en las Provincias Vascas (s. xv-xviii)*, Universidad del País Vasco, Bilbao, 1998, pp. 367-394.

ARAGÓN RUANO, Álvaro: «La conflictividad en torno al bosque guipuzcoano en la Edad Moderna: recorte y apropiación de los usos y bienes concejiles», en ARANDA PÉREZ, F.J. (Coord.): *El mundo rural en la España Moderna*, Editorial de la Universidad de Castilla-La Mancha, Cuenca, 2004, pp. 979-997.

——. «Conflictos entre el Corregidor y la Provincia de Guipúzcoa por la jurisdicción sobre los bosques durante el siglo XVIII: lo excepcional del caso guipuzcoano»; *Vasconia*, 31, Eusko-Ikaskuntza, 2001, pp. 45-65.

——. «La guerra de la Convención, la separación de Gipuzkoa y los comerciantes vasco-franceses y bearneses»; *Pedralbes*, 31, pp. 167- 229.

ARAGÓN RUANO, Álvaro y ECHEBERRIA AYLLÓN, Iker (Coord.): *Síntesis de la historia de Gipuzkoa*; Kutxa Fundazioa / Asociación de Historiadores Miguel de Aranburu / Gipuzkoako Foru Aldundia / Fundación Goteo, 2017.

ARAGÓN RUANO, Álvaro y ANGULO MORALES, Alberto: «Una década prodigiosa. Beligerancia y negociación entre la Corona y las Provincias Vascas (1717- 1727)»; Bilbao, UPV-EHU, 2019.

ARANZADI, J.: *Milenarismo vasco. Edad de oro, etnia y nativismo*; Madrid, Taurus, 1982.

AREITZAGA, J.C.; ITURBE, A. y LLANO, I.: «Los Agavillados de 1607: sobre los antecedentes urbanos de la Matxinada de la Sal»; *II EMB Historia, 3, Ekonomia, gizartea eta kultura Antzinako Erregimenean - Economía, sociedad y cultura durante el Antiguo Régimen*, Gasteiz: Eusko Jaurlaritza, 1988, pp.309-316.

ARIZCUN CELA, A.: *Economía y sociedad en un valle pirenaico del Antiguo Régimen. Baztán, 1600- 1841*; Institución Príncipe de Viana, Pamplona, 1988.

AROCENA, F.: «Guipúzcoa y la Guerra de las Comunidades»; *BRSBAP, VII,* 1951, pp. 276-279.

——. «Intervención de Iñigo en la revuelta de las Comunidades»; *Problemas históricos guipuzcoanos en la vida de San Ignacio,* Imprenta de la Provincia, San Sebastián, 1956, pp. 31-36.

AYERBE IRIBAR, Rosa: «Proclamas francesas durante la guerra de la Convención (1795)»; *Boletín de Estudios Históricos sobre San Sebastián,* 42, 2008- 2009, pp. 365-394.

——. «La encrucijada de San Sebastián en la guerra de la Convención: la defensa de sus capitulares en el consejo de guerra de Pamplona (1796)»; *Boletín de Estudios Históricos sobre San Sebastián,* 42, 2008-2009b, pp. 349-363.

AYMES, J.R.: *La Guerra de España contra la Revolución Francesa (1793-1795)*; Diputación de Alicante, Alicante, 1991.

AZCONA, T.: «San Sebastián y la provincia de Guipúzcoa durante la Guerra de las Comunidades (1520- 21)»; *Boletín de Estudios Históricos de San Sebastián,* 7, 1973.

——. «Las relaciones de la Provincia de Guipúzcoa con el Reino de Navarra (1512-1521)»; en El Pueblo Vasco en el Renacimiento, UD-Ediciones Mensajero; Bilbao, 1994, pp. 283-329.

BARCENILLA, M.A. y GONZALEZ DE GARAI, I. *Jauntxoak, burgesak eta foruak*; Gaiak, Donostia, 1989.

BARRUSO BARRES, Pedro y LEMA PUEYO, José Ángel (Coords.): *Historia del País Vasco. Edad Moderna (siglos XVI-XV-II)*; Hiria, San Sebastián, 2004.

BELENGUER, Ernest: *Fernando el Católico*; Península, Barcelona, 1999.

BLÁZQUEZ, José M., ANES, Gonzalo, VALDEÓN, Julio, TUÑÓN DE LARA, Manuel: *Clases y conflictos sociales en la historia*; Cátedra, Madrid, 1977.

BOISSONADE, P.: *La conquista de Navarra*; 4 tomos, Ekin, Buenos Aires, 1956.

CARO BAROJA, J.: *La brujas y su mundo*; Revista de Occidente, Madrid, 1961.

——. *Introducción a la historia social y económica del Pueblo Vasco*; Txertoa, San Sebastián, 1974.

CRUZ MUNDET, J.R.: *Rentería en la crisis del Antiguo Régimen (1750-1845). Familia, caserío y sociedad rural*; Ayuntamiento de Rentería, Rentería, 1991.

—— (Ed.): *Konbentioko Gerra Gipuzkoan (1793-1795) I.V. de Sarastiren eskuizkribua. La guerra de la Convención en Gipuzkoa (1793-1795): el manuscrito de I.V. de Sarasti*; Diputación Foral de Gipuzkoa, San Sebastián, 1993.

CUZACQ, R.: *Au fil des Ages. Tardets et son histoire*; Bayonne, T. I, 1977.

CHICO CAMERON, Cirilo: *Actitudes políticas en Guipúzcoa durante la guerra de la Convención (1793- 1795)*; Tesis doctoral, UNED, Madrid, 2011.

——. «La guerra de la Convención en Guipúzcoa (1793-1795): daños causados por las tropas francesas»; *Espacio, Tiempo y Forma*, Serie IV, Historia Moderna, 24, 2011b, pp. 175-187.

DE LA TORRE SUBERBIOLA, M.ª Rosario: «Hacienda real y contrabando: algunos conflictos en la crisis del Antiguo Régimen»; *KULTURA*, 3, 1991, pp. 89-98.

——. «Hacienda Real en Alava durante el siglo XVIII: conflictividad y reglamentación»; *Cuadernos de Sección. Historia y Geografía*, 19, Eusko Ikaskuntza, Donostia, 1992, pp. 79-95.

——. «Aproximación al motín contra el gobernador subdelegado de Rentas, Juan Módenes», en Castillo, S. y Ortiz de Orruño, J. M. (Coords.), *Actas del III Congreso de Historia Social de España*, UPV, Bilbao, 1998, pp. 243-248.

DESPLAT, Christian: «Fiscalité et sédition à Bayonne et en Labourd au XVIII siècle»; en *Societé des Sciences, Lettres et Arts de Bayonne, nouvelle serie*, 132, Bayonne, 1976.

——. «La unión de Bearne, de Navarra y del reino de Francia. Entre ficciones y realidades políticas y religiosas», en Floristán Imizcoz, A. (Ed.): »1512: Conquista e incorporación de Navarra»; Ariel, Barcelo-na, 2012, pp. 469-486.

DIAZ DE DURANA ORTIZ DE URBINA, José Ramón (Coord.): *La lucha de bandos en el País Vasco: de los Parientes Mayores a la Hidalguía Universal. Guipúzcoa, de los bandos a la provincia (siglos XIV al XVI)*; UPV/EHU, Bilbao, pp. 47-96.

DOMERGUE, Lucienne: «Note sur l'ocupation française des Provinces Basques au temps des guerres de la Convention (1794-1795)»; *A Revoluçao Francesa e a península Ibérica, Revista de História das Ideias*, 10, Instituto de História e Teoria das Ideias, Facultade de Letras, Coimbra, 1988.

DONEZAR DIEZ DE ULZURRUN, J.M.: «Interpretaciones de la crisis del Antiguo Régimen»; Vol. IV del Congreso de Historia de Euskal Herria, II Congreso Mundial Vasco, Txertoa, San Sebastián, 1988.

DOUSSINAGUE, José María: *La política exterior de España en el Siglo XVI*; Espasa Calpe, Madrid, 1949.

ECHEGARAY, Bonifacio: El proceso de la Zamacolada; Bilbaína de Artes Gráficas, Bilbao, 1921.

——. «Aspectos jurídicos de la Zamacolada. Régimen y Gobierno del Puerto de la Paz»; Imp. Lit. Y Enc. Vda. e Hijos de Grijelmo, Bilbao, 1921.

——. «Las ocurrencias de Vizcaya o causas y consecuencias de la Zamacolada»; *Euskalerriaren Alde*, XI, 1921, pp. 24-105.

EGAÑA, Bernabé Antonio: *Instituciones y colecciones histórico-legales pertenecientes al gobierno municipal, fueros, privilegios y exempciones de la Muy Noble y Muy Leal Provincia de Guipúzcoa*; Donostia, Diputación Foral de Gipuzkoa, 1992.

EGAÑA, Domingo Ignacio: *El Guipuzcoano instruido en las reales cedulas, despachos, y órdenes que ha venerado su Madre la Provincia*; Imprenta de D. Lorenzo Riesgo de Espinosa, San Sebastián, 1780.

EGIDO, Teófanes: «El motín madrileño de 1699»; *Investigaciones históricas*, 2, 1980, pp. 259-261.

ELORZA, A.: «Los vascos y la Revolución Francesa»; *A Revoluçao Francesa e a Península Ibérica, ut supra in Domergue*, L., 1988.

ENRÍQUEZ FERNÁNDEZ, José Carlos y ENRÍQUEZ FERNÁNDEZ, Javier: *Comportamientos populares durante las machinadas vascas: moral patibular y orden tradicional; Congreso de Historia de Euskal Herria* (1987. Bilbao), Servicio Central de Publicaciones del Gobierno Vasco, Vitoria-Gasteiz, 1988, T.III, p. 305-312.

ESDAILE, Charles: *La Guerra de independencia, Una nueva historia*; Crítica, Barcelona, 2004.

ESARTE MUNIAIN, Pedro: *Navarra, 1512-1530. Conquista, ocupación y sometimiento militar, civil y eclesiástico*; Pamiela, Pamplona, 2001.

——. *Francisco de Jasso y Xavier y la época del sometimiento español de Navarra*; Pamiela, Pamplona, 2005.

——. *Represión y reparto del Estado Navarro (Siglos XVI y XVII)*; Pamiela, Pamplona, 2007.

——. *Juan Rena: clave en la conquista de Navarra (1512-1530)*; Pamiela, Pamplona, 2010.

ESTÉVEZ, Xosé: «La guerra de las Comunidades: proceso del conflicto, evolución historiográfica y últimas aportaciones sobre el movimiento»; *Mundaiz*, 1, diciembre 1975, pp. 1-8.

——. *Historia de Euskal Herria. Del hierro al roble*; Txalaparta, Tafalla, 1996.

——. «El contexto histórico de la conflictividad ibérica y vasca durante el siglo XVIII»; *Sancho el Sabio*, año 6-2ª, 6, 1996, pp. 69-79.

——. «Gipuzkoa: de las águilas austríacas a los buitres borbónicos»; Boletín de la R.S.B.A.P., Tomo LVI-2000-1, Donostia, pp. 237-254.

——. «La historiografía guipuzcoana, desde Zaldivia a Gorosabel, sobre la adhesión de Gipuzkoa a Castilla»; *Conquista, pacto y derechos históricos, Diputación Foral de Gipuzkoa*, Donostia, 2001, pp. 47-85.

——. *El Contexto histórico-estructural de El Quijote*; Publicaciones Universidad de Deustu, San Sebastián, 2005.

——. «El camino de Santiago por Mirafuentes en el Valle de la Berrueza»; Bol. De la RSBAP, LXVI-2-2010, Donostia, pp. 381-412.

——. «La política peninsular de los Reyes Católicos: unificación y cierre», en *1512. Euskal lurraldeak eta Nafar Estatua. Los territorios vascos y el Estado Navarro*, Txertoa-Nabarralde, Donostia, 2011, pp. 91-125.

——. «La guerra de la Convención en Gipuzkoa (1793-1795)»; *Haria*, 32, Nabarralde, abril 2013, pp. 86-105.

——. «Sitio, asalto, saqueo e incendio de Donostia. Julio-septiembre de 1813»; *Boletín de Estudios Históricos de San Sebastián*, 46, Donostia, 2013, pp. 385-433.

FEIJOÓ CABALLERO, Pilar: *Bizkaia y Bilbao en tiempos de la Revolución Francesa*; Bilbao, Diputación Foral de Bizkaia, 1991.

FERNÁNDEZ ALBADALEJO, Pablo: *La Crisis del Antiguo Régimen en Guipúzcoa, 1766-1833*; Akal, Madrid, 1975.

FERNÁNDEZ DE PINEDO, Emiliano: *Crecimiento económico y transformaciones sociales en el País Vasco (1100-1850)*; Siglo XXI editores, Madrid, 1974.

FERNÁNDEZ MARTÍN, Luis: *La contienda civil de Guipúzcoa y las Comunidades castellanas (1520-1521)*; Monografías Biblioteca Dr. Camino, San Sebastián, 1981.

FERNÁNDEZ SEBASTIAN, Javier: *La génesis del fuerismo. Prensa e ideas políticas en la crisis del Antiguo Régimen (País Vasco, 1750-1840)*; Siglo XXI Editores, Madrid, 1991.

FLORISTÁN, Alfredo Pablo e IMÍZCOZ, Jose María: «Sociedad y conflictos sociales (Siglos XVI-XVIII)»; *Euskal Herriaren historiari buruzko biltzarra*, Vol. 3 (Economía, sociedad y cultura durante el Antiguo Régimen), 1988, pp. 281-308.

FLORISTÁN IMÍZCOZ, Alfredo Pablo: «La primera conquista y defensa y reparto del reino»; *Historia Ilustrada de Navarra*, Tomo I, *Diario de Navarra*, 1993, pp. 289-320.

GALLASTEGUI, Javier: «D. Miguel de Iturbide y navarra en la crisis de la Monarquía Hispánica (1635-1648)»; *Revista de Historia Moderna*, Universidad Complutense de Madrid, 11, 1991.

GARCIA ARENAL, Mercedes: *Moros y judíos en Navarra en la Baja Edad Media*; Madrid, Hiperión, 1984.

GARCIA DE CORTAZAR, Fernando y MONTERO, Manuel: *Diccionario de Historia del País Vasco*; San Sebastián, Txertoa, 1983.

GODECHOT, Jacques: *Las revoluciones (1770-1799)*; Labor, Barcelona, 1974.

——. «Los orígenes de la revolución francesa»; Sarpe, Madrid, 1985.

GOYHENECHE, Eugène: «Le Pays Basque, Soule, Labourd, Basse-Navarre»; *Societé Nouvelle d'Editions Regionales et Difusion*, Pau, 1979.

——. «Historia de Iparralde», San Sebastián, Txertoa, 1991.

GOYHENETCHE, Manex: «Iparralde, del Antiguo Régimen al Siglo XX»; *Gran Atlas Histórico del Mundo del País Vaco*, fascículo 20, 1993.

——. «Les Etats de Navarre en 1789: la crise du foralisme provincialiste»; *Cuaderno de Sección Historia-Geografía*, 22, 1994, pp. 123-146.

——. *Historia General del País Vasco*; Ttartalo, San Sebastián, 2005.

GUEZALA, Luis de: «La matxinada de 1718 en el Señoría de Bizkaia: una rebelión popular en defensa de la foralidad»; *MUGA*, 66, 1988, pp. 62-75.

——. «Parlamentos y rebeliones: Las Juntas Generales de Bizkaia durante la Matxinada de 1718 y la Zamacolada de 1814», en AGIRREAZKUENAGA ZIORRAGA, Joseba y ALONSO OLEA, Eduardo José (Eds.): *Naciones en el Estado-nación: la formación cultural y política de naciones en la Europa contemporánea*, Editorial Base, Barcelona, pp. 91-99.

GONZÁLEZ DIOS, Estíbaliz: *La participación de las villas y las Juntas alavesas en la conquista de Navarra*; Congreso de la Universidad de Oñate, 2011.

——. «Gipuzkoa en la primera globalización (Siglos XVI-XVIII)», en ARAGÓN RUANO, Álvaro y ECHEBERRIA AYLLÓN, Iker (Coord.): *Síntesis de la historia de Gipuzkoa*; Kutxa Fundazioa / Asociación de Historiadores Miguel de Aranburu / Gipuzkoako Foru Aldundia / Fundación Goteo, 2017, pp. 215-286.

GONZÁLEZ GONZÁLEZ, Alfonso F.: *La realidad económica guipuzcoana en los años de superación de la crisis económica del Siglo XVII (1680-1735)*; Diputación Foral de Gipuzkoa, San Sebastián, 1994.

GOÑI GALARRAGA, Joseba: «La Revolución Francesa en el País Vasco: La guerra de la Convención (1793-1795)»; *Historia del Pueblo Vasco*, Vol. 3, Erein, San Sebastián, 1979.

——. «Imagen política del País Vasco en algunos documentos franceses de la guerra de la Convención (1793-1795)»; *Historia del País Vasco-Siglo XVIII*, Universidad de Deustu, Bilbao, 1985.

GOROSABEL, Pablo: «Noticia de las cosas memorables de Guipúzcoa»; *La Gran Enciclopedia Vasca*, Tomo I, Bilbao, 1972.

GUEVARA URKIOLA, José Ramón: «Hondarribia. La guerra de la Convención 1793-1795»; *Boletín de Estudios del Bidasoa*, 10, 1992, pp. 7-50.

GURRUCHAGA, Ildefonso: «La machinada del año 1766 en Azpeitia. Sus causas y desarrollo»; en *Yakintza*, 5, 1933, p. 373-392.

HENINNGSEN, Gustav: *El abogado de las brujas*; Alianza Editorial, Madrid, 2010.

HUICI GOÑI, M.ª Puy: «En torno a la conquista de Navarra»; *Príncipe de Viana*, 1973, p. 303, Pamiela, Pamplona, 2013.

IDOATE, Florencio: «Los gitanos en Navarra»; *Príncipe de Viana*, 37, Pamplona, 1949.

——. *Guerra contra la Convención*; Diputación de Navarra, Pamplona, 1971.

——. «Documentos sobre agotes y grupos afines en Navarra»; *Príncipe de Viana*, Pamplona, 1973.

IÑURATEGUI RODRÍGUEZ, José María: *Monstruo indómito: rusticidad y fiereza de costumbres. Foralidad y conflicto social al final del Antiguo Régimen en Guipúzcoa*; UPV-EHU, Bilbao, 1996.

IRIXOA CORTÉS, Iago: «Gipuzkoa komunitateen gerran (1520-1521): eguneratza historiografia»; *Boletín de la RSBAP*, Tomo 60, 2, 2004, pp. 405-440.

——. *Gipuzkoa «so color de comunidad». Conflicto político y constitución provincial a inicios del siglo XVI*; Diputación Foral de Gipuzkoa, San Sebastián, 2006.

——. «Documentación relativa al conflicto guipuzcoano suscitado durante las Comunidades de Castilla (1520-1524); *Boletín de la RSBAP*, Tomo 65, 2, 2009, pp. 487-598.

——. «Finanzas concejiles y protestas en San Sebastián a fines de la Edad Media (1489- 1517)»; *Boletín de Estudios Históricos de San Sebastián*, 42, 2008-2009, pp.9-54.

KAMEN, Henry: *El Siglo de Hierro*; Alianza Editorial, Madrid, 1977, cap. IV, pp. 322-516.

LABAYRU, Estanislao: *Historia de Bizcaya*; Edic. de la Gran Enciclopedia Vasca, Bilbao, 1970.

LABORDA, Juan José: «El arranque de un largo protagonismo:la recuperación comercial de Vizcaya a comienzos del Siglo XVIII»; *SAIOAK*, Año II, 2, San Sebastián, 1978.

——. *El señorío de Vizcaya. Nobles y Fueros (1425-1727)*; Marcial Pons, Madrid, 2012.

LACARRA, José María: *Historia Política del Reino de Navarra*; Aranzadi-Caja de Ahorros de Navarra, Pamplona, 1972.

LAFOURCADE, Maite: *Mariages en Labourd sous l´Ancien Régime*; UPV-EHU, Bilbao, 1989.

LAMIKIZ, Xabier: «La matxinada de 1718 y su trasfondo socioeconómico»; en ARAGÓN RUANO, Álvaro y ANGULO MORALES, Alberto: *Una década prodigiosa. Beligerancia y negociación entre la Corona y las Provincias Vascas (1717-1727)*, UPV-EHU, Bilbao, 2019, pp. 95-123.

LARRAÑAGA ZULUETA, Miguel: *Campesinado y conflictividad social en el reino de Navarra. 1349-1425*, tesis doctoral, Universidad de Deustu, 1994.

LARRINOA, Pedro de: *Comunidades de Castilla y guerra en Euskeria, 1520-1524 (Una colección diplomática)*; Lit., Impr. y Enc. Casa Dochao, Bilbao, 1919.

LASALA Y COLLADO, Fermín: *La separación de Guipúzcoa y la paz de Basilea*; Madrid, 1985. Reed., Txertoa, San Sebastián, 1987.

LE ROY LAUDURIE, Emmanuel: «Révoltes et contestations rurales en France de 1675 à 1788»; Anales ESC, París, 1974.

LOIRETTE, Francis: «La révolte des marons du Labourd contre les systeme des classes (janvier-avril 1671)», en «de l´Adour au Pays Basque»; *Actes du XXI Congrés d´E tudes Regionales*, Bayonne, 1968.

LOPEZ ACHURRA, R. y otros: *Historia General de Euskal Herria*; Tomo II, Ediciones Vascas, Bilbao, 1980.

LOMBARDINI, Sandro: *Rivolte contadini in Europa (secoli* XVI-XVIII); Loescher, Turín, 1983.

MADARIAGA ORBEA, Juan: «Conflictos sociales de los siglos XVI-XVIII»; *Gran Atlas Histórico del Mundo Vasco*, El Mundo del País Vasco, fascículo 11, 1994.

MANDROU, Robert: «Classes el luttes de classes en France au bébut du XVII siècle»; *Università degli Studi di Pisa. Pubblicazioni dell'Istituto di Storia della Facoltà di Lettere*, Casa Editrice G. D'Anna, Florence, 1965.

——. *La France aux XVII-XVIII siècles*; P.U.F., París, 1967. Col. Nueva Clio, Barcelona, Labor, 1973.

——. «Les révoltes populaires dans l'historiographie française du XVII siècle», *Revue Historique*, 1969, pp. 29-40.

MANSO DE ZÚÑIGA, Gonzalo: «Los comuneros alaveses»; *BRSBAP, XXV*, 1969, pp. 359-367.

MATEOS, F.: «La ascendencia del P. Anchieta y la guerra de las Comunidades»; separata de *Missionalia Hispanica*, 24, 1967, pp. 5-52.

MIARD, Louis: *Présences françaises en Espagne, à Bilbao et autour de cette ville dans la seconde moitié du XVIIIº siècle (1750-1805)*; Tesis de doctorado de Estado, Universidad de Rennes, 1987.

MIEZA MIEG, Rafael: «La Machinada del Estanco de la Sal: una hipótesis de interpretación»; *Ernaroa. Revista de Historia de Euskal Herria*, 6, Bilbao, 1991, pp. 41-102.

MIRANDA RUBIO, Francisco: *La guerra de la independencia en Navarra. La acción del Estado*; Gómez, Pamplona, 1977.

MONREL ZIA, Gregorio, y JIMENO ARANGUREN, Roldán: *Conquista e incorporación del reino de Navarra a Castilla*; Pamplona, Pamiela, 2012.

MONTEANO, Peio: *La Guerra de Navarra (1512- 1529). Crónica de la conquista española*; Pamiela, Pamplona, 2010.

MORALES MOYA, Antonio: «Interpretaciones de la crisis del Antiguo Régimen»; Vol. IV del Congreso de Historia de Euskal Herria, II Congreso Mundial Vasco, Txertoa, San Sebastián, 1988.

MORET, José de (1678): *Anales del Reino de Navarra*; La Gran Enciclopedia Vasca, Bilbao, 1968.

MOUSNIER, Roland: *Fureurs paysannes, les paysans dans les révoltes du XVII siècle (France, Russie, Chine)*; París, 1967. Traducción española: *Furores campesinos. Los campesinos en las revueltas del siglo XVII (Francia, Rusia, China)*; Siglo XXI Editores, Madrid, 1976.

MUGARTEGUI, Isabel: *Hacienda y Fiscalidad en Guipúzcoa durante el Antiguo Régimen, 1700-1814*; Diputación Foral de Gipuzkoa, San Sebastián, 1990.

MÚGICA, Serapio: «Administración municipal y antigua de San Sebastián y varias otras curiosidades: Las Comunidades de Castilla y sus partidarios en esta Provincia»; *Euskal Erria*, XXXVII, 1897, pp. 436-448.

MURUGARREN, Luis: «La Convención francesa y San Sebastián»; *Boletín de Estudios Históricos sobre San Sebastián*, 29, San Sebastián, 1995, pp. 583-504.

MUTILOA POZA, José María: *La crisis de Guipúzcoa*; Caja de Ahorros Provincial, San Sebastián, 1978.

——. *Guipúzcoa en el siglo XIX (Guerras-Desamortización-Fueros)*; Caja de Ahorros Provincial de Guipúzcoa, San Sebastián, 1982.

OLABARRI, Ignacio y VAZQUEZ DE PRADA, Valetín: «La sociedad vasca en los siglos XVIII y XIX: estado de la cuestión»; en *Antecedentes próximos de la sociedad vasca actual. Siglos XVIII y XIX*, Universidad del País Vasco / Euskal Herriko Unibersitatea / Universidad de Navarra, San Sebastián, 1984, pp. 139-153.

OLAECHEA, Rafael: «El centralismo borbónico y las crisis sociales en el País Vasco»; en *Historia del Pueblo Vasco*, 2, Erein, San Sebastián, 1979.

ORELLA UNZUÉ, José Luis: «Razones ideológicas del ultimátum de Fernando el Católico sobre sus derechos al reino de Navarra: 31-VII-1512»; *Príncipe de Viana*, 142-143, Pamplona, 1976, pp. 207-228.

——. *Historia del Pueblo Vasco en la Edad Antigua y Media*; Nabarralde, Iruñea, 2019.

——. *Historia del Pueblo Vasco en el Renacimiento*; edición de autor, San Sebastián, 2015.

——. *Historia del Pueblo Vasco en la Contrarreforma*; edición de autor, San Sebastián, 2015.

——. *Historia del Pueblo Vasco en la Ilustración*; edición de autor, San Sebastián, 2018.

——. *Historia del Pueblo Vasco de la Revolución Francesa a los Conciertos Económicos con España*; edición de autor, San Sebastián, 2018.

OSTE GUERENDAIN, Luis Eduardo: *Navarra y sus instituciones en la guerra de la Convención (1793- 1795)*; Tesis doctoral, Universidad Pública de Navarra, Pamplona, 2003.

OTAZU, Alfonso: *El Igualitarismo vasco: mito y realidad*; Txertoa, San Sebastián, 1973.

——. «La represión de la matxinada de 1766»; en *La burguesía revolucionaria vasca a fines del siglo XVIII*, Txertoa, San Sebastián, 1982.

OTAEGUI ARIZMENDI, Arantxa: *Guerra y crisis de la Hacienda local. Las ventas de bienes comunales y de propios en Guipúzcoa, 1764-1814*; Diputación Foral de Gipuzkoa; San Sebastián, 1991.

PÉREZ, Javier: «Las relaciones políticas de la Provincia de Guipúzcoa con la corona de Castilla durante la guerra de las Comunidades»; en ORELLA UNZUÉ, José Luis (Ed.): *El Pueblo Vasco en el Renacimiento (1491- 1521). Actas del Simposio celebrado en la Universidad de Deustu (San Sebastián) con motivo del Vº centenario del nacimiento de Ignacio de Loyola (1-5 Octubre 1990)*. Ediciones Mensajero, Bilbao, 1991, pp. 381-390.

PESCADOR MEDRANO, Aitor, ANCHUSTEGUI, Esteban, ADOT LERGA, Álvaro, et al.: *Visiones poliédricas sobre la conquista de Navarra*, Pamplona, Pamiela, 2013.

PORCHNEV, Boris; *Les soulèvements populaires en France de 1623 à 1648*; S.E.V.P.E.N., París, 1963; reeditado: *Les soulèvements populaires en France au XVIIe siècle*, Flammarion, París, 1972.

——. «Le soulevement de Bayonne en 1641»; *Publications de l'Academie des Sciencies d'URSS*, Section de Sciences Sociales, 1938. Traducción francesa en el *Bulletin de Musée Basque*, 63, Bayonne, 1974.

——. *Les buts et les revendications des paysans lors de la révolte bretonne de 1675, en Les Bonnets Rouges*; Union Générale d'Éditions (collection 10/18), París, 1975.

PORTILLO VALDES, José María.: «El País Vasco: el Antiguo Régimen y la Revolución»; en AYMES, Jean René (Ed.), *España y la Revolución Francesa*, Crítica, Barcelona, 1991.

PORRES MARIJUÁN, Rosario (Ed.): *Poder, resistencia y conflicto en las provincias vascas (siglos XV-XVIII)*; UPV, Bilbao, 2001.

RAMÍREZ OLANO, Eliodoro y GONZÁLEZ DE ECHÁVARRI, Vicente: *Fiesta de la tradición del Pueblo Vasco. Memoria referente al tema 41 de la 4ª sección del programa publicado por la excma. Diputación de Guipúzcoa que tiene por epígrafe: «La guerra de los comuneros en el País Vasco. Actitud de la Diputación de Álava en aquella ocasión: esta actitud responde a la necesidad de mantener vivas las libertades populares»*; Imprenta provincial de Álava, Vitoria-Gasteiz, 1904.

RIBECHINI, Celina: *De la guerra de la Convención a la Zamacolada. Insumisión, matxinada, dispersión*; Txertoa, San Sebastián, 1996.

RILOVA JERICÓ, Carlos: «La economía moral de la oligarquía. San Sebastián y su gobierno municipal. De la machinada de 1766 a la Revolución de 1917»; *Boletín de estudios históricos de San Sebastián*, 2002, pp. 207-241.

——. «Gipuzkoa y el largo siglo XIX (1794-1914)»; en ARAGÓN RUANO, Álvaro y ECHEBERRIA AYLLÓN, Iker (Coords.), *Síntesis de la historia de Gipuzkoa;* Kutxa Fundazioa / Asociación de Historiadores Miguel de Aranburu / Gipuzkoako Foru Aldundia / Fundación Goteo, 2017, pp. 287-347.

RIO ALDAZ, Ramón del: «Mercado español y crisis del Antiguo Régimen en Navarra»; *Príncipe de Viana,* anejo 4, 1986.

——. «La crisis política navarra a finales del Antiguo Régimen»; *Bol. del Instituto Gerónimo de Uztariz,* 2, 1988.

RODRIGUEZ GARRAZA, Rodrigo: *Las tensiones de Navarra con administración central (1778-1808)*; Institución Príncipe de Viana, Pamplona, 1986.

ROLDÁN GUAL, Jose María: «El levantamiento del Conde de Salvatierra (1520-1521). Balance historiográfico (s. XIX-XX)»; separata de *Cuadernos de Sección. Prehistoria-Arqueología,* 4 1982, pp. 37-73.

RUDÉ, George: *Protesta popular y revolución en el siglo XVIII*; Ariel, Barcelona, 1978.

——. *La multitud en la historia. Los disturbios populares en Francia e Inglaterra 1738-1848*; Siglo XXI Editores, Madrid, 1978.

——. *Revuelta popular y conciencia de clase*; Crítica, Barcelona, 1981.

SAGARMINAGA, Fidel: «El Gobierno y Régimen Foral de Vizcaya»; *La Gran Enciclopedia Vasca,* Tomo III, Bilbao.

SAGASTI, Ignacio Vicente y CRUZ MUNDET, José Ramón: *Memoria de la Revolución Francesa y de la guerra de España por la parte de Navarra y Guipúzcoa en los años 1793, 1794 y 1795*; Diputación Foral de Guipúzcoa, San Sebastián, 1993.

SÁNCHEZ ARRESEIGOR, Juan José: *Vascos contra Napoleón*; Actas, Madrid, 2010.

SEOANE, Ramón Marqués de: «Los Comuneros de Guipúzcoa»; *Euskal Erria,* XLVIII, 1903, pp. 129-132, 162-166, 193-198 y 247-252.

SIMPLICIO, Oscar di: *Las revueltas campesinas en Europa*; Crítica, Barcelona, 1989.

SORACAIZ AYALA, Carlos: «Relación de los sucesos que tuvieron lugar en la villa de Bilbao y otros pueblos en 1718» I y II; *Euskal Herria-Revista Bascongada,* VI, 7 y 8, pp. 193-196 y pp. 225-234.

SORAUREN, Mikel: «Interpretación de la crisis del Antiguo Régimen en Navarra»; *Bol. del Instituto Gerónimo de Uztariz,* 2, 1988.

——. *Historia de Navarra. El Estado vasco*; Pamiela, Pamplona, 1998.

TELLECHEA, José Ignacio: «La revolución francesa en el País Vasco»; *Bol. de la R.S.B.A.P.,* Tomo XXIII, 1967.

TILLY, Charles: *Les Révolutions Européennes,* 1492-1992; París, Seuil, 1993.

THOMPSON, Edward Palmer: «La economía "moral" de la multitud en la Inglaterra del siglo XVIII»; en *Tradición, revuelta y conciencia de clase,* Editorial Crítica, Barcelona, 1979.

TORRE, José Miguel: *Historia del País Vasco Norpirenaico*; La Gran Enciclopedia Vasca, Tomo I, Bilbao, 1976.

TORRE, Joseba de la: «Clases campesinas, crisis del Antiguo Régimen y revolución burguesa en Navarra»; *Estudios Históricos*, 2, Museo Zumalacarregui, 1991.

USANÁRIZ GARAYOA, Jesús María: *Historia breve de Navarra*; Sílex Ediciones, Madrid, 2006.

URRUTIKOETEXEA, J.: *«En una mesa y compañía». Caserío y familia campesina en la crisis de la «Sociedad Tradicional»*. Irún, 1766-1845; Universidad de Deustu, San Sebastián, 1992.

——. «Revueltas sociales en el País Vasco húmedo. Siglos XVII y XVIII» (1a. Parte); en *Peñaflorida y la Ilustración*, Mundaiz, San Sebastián, 1986, y (2a. Parte) en revista *Mundaiz*, 31, Enero-Junio, 1986.

USUNARIZ GARAYOA, Jesús María: «Las Instituciones de Navarra durante la Edad Moderna (1512-1808)», *RIEV*, 46, 2001, pp. 685-744.

VEYRIN, Phillipe: *Les basques de Labourd, de Soule et de Basse Navarre. Leur histoire et leurs traditions*; Arthaud, Grenoble, 1975.

VIDAL, Josep Juan y MARTÍNEZ, Enrique: *Política interior y exterior de los Borbones*; Itsmo, Toledo, 2001.

VIVES ALMANDOZ, Gabriela: «Conflictividad social en el área de Fuenterrabía y su jurisdicción en el siglo XVIII»; *IX Congreso de Estudios Vascos: antecedentes próximos de la Sociedad Vasca actual. Siglos XVIII y XIX*, 1983, pp. 531-535.

VILAR, Pierre: «El motín de Esquilache y las crisis del Antiguo Régimen»; *Revista de Occidente*, 107, 1972, pp. 199-249.

VILLABASO, C.: *La cuestión del puerto de la Paz, y la Zamacolada. Exposición histórica acompañada de la memoria justificativa de uno de los actores de aquellos sucesos, de documentos inéditos y del plano de este importante Proyecto*; Imprenta de Juan E. Delmas, Bilbao, 1887.

VILLARI, Rosario: *La revuelta antiespañola en Nápoles. Los orígenes (1585-1647)*; Alianza Editorial, Madrid, 1979.

VV. AA.: «Antzinako erregimenaren krisia. La crisis del Antiguo Régimen»; vol. VI del *Congreso de Historia de Euskal Herria*, II Congreso Mundial Vasco, San Sebastián, 1988.

——. «Cambios sociales y modernización»; *Congreso internacional de Vitoria de Historia contemporánea*, en Rev. Historia contemporánea, nº 4, Bilbao, 1990.

——. *Gipuzkoa duela 200 urte 1793-1813/Gipuzkoa hace 200 años 1793-1813*, Koldo Mitxelena Kururunea-Diputación Foral de Gipuzkoa, Donostia-San Sebastián, 1993.

——. *Historia del Pueblo Vasco*; 3 vols., Erein, San Sebastián, 1979.

——. *1512. Consecuencias de la conquista de Navarra*; Nabarralde, Iruñea, 2012.

——. «Museo Tomás de Zumalakarregi»; *Estudios Históricos*, 1-2.

——. *Actas del II Congreso de Historiadores de Navarra*; Nabarralde, Iruñea, 2012.

——. «1512. Historia de una conquista»; *Haria*, 29, Nabarralde.

YBARRA, J.: *Datos relativos a Simón Bernardo de Zamácola y la Zamacolada*; Bilbao, 1941.

ZABALA, Aingeru: «La machinada de 1766 en Bizkaia»; *Letras de Deustu*, Mayo-Agosto 1988.

ZABALA, Federico: «El centralismo borbónico y las crisis sociales del Siglo XVIII»; *Historia del País Vasco. Siglo XVIII*, Bilbao, 1985.

ZABALA MONTOYA, Mikel: *Euskaldunak matxino: Matxinadak ulertzeko gida*; San Sebastián, Gaiak, 2001.

ZAGORIN, Pérez: *Revueltas y revoluciones en la Edad Moderna*. Tomo I: *Movimientos campesinos y urbanos*; Madrid, Cátedra, 1985.

Este libro,
LAS MATXINADAS EN EUSKAL HERRIA (S. XVI-XIX),
se terminó de diseñar, componer y maquetar en Elo,
utilizándose la familia tipográfica Celeste
creada digitalmente por Chris Burke en 1990,
en un tiempo en que resulta crucial mirar atrás,
conocer las batallas y resistencias que marcaron nuestra historia
y extraer de ellas aprendizajes para las luchas presentes y venideras.

Aurkeztu dizugun liburuaren eduki, itxura edo inprimaketari buruzko iritzia guri helarazi nahi izanez gero, bidal iezaguzu. Zinez eskertuko dizugu.

La Editorial le quedará muy reconocida si usted le comunica su opinión acerca del libro que le ofrecemos, así como sobre su presentación e impresión. Le agradecemos también cualquier otra sugerencia.

EDITORIAL TXALAPARTA S.L.
Calle Mayor 61-63
31001 Iruñea
NAFARROA
Tfno.: 948 70 39 34
info@txalaparta.eus
www.txalaparta.eus